पतझड़ में वसन्त

पतझड़ में वसन्त

शीला झुनझुनवाला

वाणी प्रकाशन

वाणी प्रकाशन

4695, 21-ए, दरियागंज, नयी दिल्ली 110 002

फ़ोन : +91 11 23273167 फ़ैक्स : +91 11 23275710

शाखाएँ

अशोक राजपथ, पटना 800 004, बिहार

कॉफ़ी हाउस कैम्पस, महात्मा गांधी मार्ग, इलाहाबाद 211 001, उत्तर प्रदेश

महात्मा गांधी अन्तरराष्ट्रीय हिन्दी विश्वविद्यालय, वर्धा 442 001, महाराष्ट्र

www.vaniprakashan.com
marketing@vaniprakashan.in
sales@vaniprakashan.in

Patjhad Mein Vasant
by Shila Jhunjhunwala

ISBN : 978-93-5518-437-5
Novel

प्रथम संस्करण 2023

मूल्य : ₹ 395

आर. टेक ऑफ़सेट प्रिंटर्स, दिल्ली-110 032 में मुद्रित

वाणी प्रकाशन का लोगो मक़बूल फ़िदा हुसेन की कूची से

परम स्नेही डॉ. धर्मवीर भारती के सान्निध्य में पत्रकारिता का ककहरा पढ़ा और बहुत कुछ सीखा वहीं पुष्पा भारती से मिली प्रेरणाओं ने मुझे आत्मविश्वास का पारस स्पर्श दिया।

दोनों को सस्नेह समर्पित है मेरे **पतझड़ का वसन्त!!**

प्राक्कथन

शीला झुनझुनवाला हिन्दी की विख्यात लेखिका और पत्रकार रही हैं और अब जीवन के 95 वसन्त देखने के बाद उनका नया उपन्यास 'पतझड़ में वसन्त' प्रकाशित हो रहा है। हिन्दी साहित्य में यह एक अनोखी घटना है जब किसी लेखिका का इस आयु में उपन्यास प्रकाशित हो रहा है। शीला जी का इस आयु तक स्वस्थ रहते हुए सर्जनात्मक सामर्थ्य को बनाये रखना उनके सकारात्मक तथा सार्थक आत्मिक शक्ति का प्रमाण है। यह उपन्यास वृद्धावस्था में अकेलेपन, उपेक्षा, जीवन के निरर्थक होने की त्रासदी और उससे मुक्त होने की कहानी है। शीला जी ने इस कथा के लिए कपूर और उसके परिवार को आधार बनाकर इस कथा की रचना की है। कथा का नैरेटर कपूर है, जो बैंक के बढ़े पद से सेवामुक्त होकर अपने दो बेटों के भरे–पूरे परिवार के साथ बीस मंज़िल की बिल्डिंग के सत्रहवीं मंज़िल में रहता है। उसकी बेटी तारा उसकी अनिच्छा के बावजूद एक मुस्लिम के साथ शादी करके चली जाती है।

कपूर अपनी मृत पत्नी मंगला को सम्बोधित करके आपबीती कहता चलता है और कहानी सामने आती जाती है। कपूर के दो बेटे हैं–कमलकिशोर तथा रमेश चन्द्र। कमल ठेकेदार से बड़ा बिल्डर बन गया है और उसी के निर्मित 'कमल टॉवर' में सारा परिवार रहता है। इस परिवार में कपूर एक कमरे में अकेला रहता है, नौकर उसकी सेवा करता है पर वह अपने बेटों–पोतों आदि के साथ दो मिनट बात

करने के लिए भी तरसता है। ऐसी स्थिति में वह बिल्डिंग में रहने वाले छोटे–छोटे बच्चों के साथ घुल–मिल कर कुछ समय ख़ुशी में निकालता है और बच्चों में बच्चा बन जाता है। वह बच्चों का खिलौना तथा बच्चे उसके खिलौने बन जाते हैं, परन्तु एक दिन छोटी बच्ची झिलमिल के कारण उसकी माँ और फिर बिल्डिंग में हंगामा हो जाता है कि बूढ़ा बच्चों को चाकलेट और कम्पट देकर कैसी–कैसी हरकतें करता है। वह डर्टी पिग तथा सठिया गये बूढ़े के रूप में बदल जाता है। वह बच्चों का बूढ़ा दोस्त था और बच्चे उससे दादा–दादी का प्रेम पाते थे, जबकि उसके पोता–पोती 5–10 मिनट भी उसके पास बैठना नहीं चाहते थे। कपूर 70 वर्ष का है और उसे लगता है, रिश्ते ख़त्म हो गये हैं और सब कुछ पैसा हो गया है। उसके बेटे एक भवन निर्माण से तथा दूसरा राजनीति से पैसे कमाने में लगे हैं, पर वह असहाय है। वह पोती अनुष्का को लड़कों के साथ यूरोप टूर पर जाने से भी नहीं रोक पाता जो उसके आदर्श के विपरीत था। अनुष्का साफ़ कहती है कि मेरी ज़िन्दगी मैं अपनी तरह जीऊँगी, किसी और की तरह नहीं।

उपन्यास इस निष्कर्ष पर पहुँचता है कि पुरानी और नयी पीढ़ी के सन्धि–स्थल का यही सच है कि हर पीढ़ी अपने तरीक़े से जीना चाहती है और किसी दूसरी पीढ़ी या पत्नी को भी अपनी तरीक़े से जीने का अधिकार है। उसकी पोती कपूर से कहती है कि 'उनकी समस्याओं की जड़ उनका अकेलापन है। क्योंकि उनकी कोई सोशल लाइफ नहीं है और वह 'सीनियर सिटीज़न होम' में रहने का प्रस्ताव करती है।' कपूर कई बार आत्म–मन्थन करता है। वह जीवन के नकारात्मक और सकारात्मक पक्ष पर सोचता है और पाता है कि नयी पीढ़ी पुरानी मान्यताओं को ठेंगे पर रखती है। उसका दर्द है कि घर के मालिक हों या नौकर, किसी के पास उसके लिए समय नहीं है। कमल अपने पिता के जेनेरेशन गैप को समझता है, लेकिन वह भी मानता है कि यदि वह चुप रहे और बातों को तूल न दे तो ही ठीक है

और तब कपूर इस सच पर पहुँचता है कि पकने पर सब का अन्त बिखरना ही है। इस बिखरने में ही ज़िन्दगी की नयी दिशा खोजनी होगी, मोह के बन्धन को तोड़ना होगा और लेखिका बिल्ली के बच्चों के प्रसंग से जीवन के इस बड़े सच को कथानायक को समझा देती है। वह समझ जाता है कि हमें बरगद के पेड़ की तरह बड़ा होने पर झुकना सीखना होगा और उपन्यास इस निष्कर्ष से समाप्त होता है कि उम्मीद दुख का कारण है, उसका त्याग ज़रूरी है और ज़िन्दगी को नये मकसद से जोड़ कर जीना होगा और वह वृद्धावस्था में भी कुछ नया सीखने तथा कुछ सार्थक करने के निश्चय को अपनी स्वर्गवासी पत्नी को बताकर ज़िन्दगी की नयी शुरुआत करता है।

शीला जी ने साहित्य के वृद्ध–विमर्श को एक सार्थक अन्त से समाप्त किया है और निश्चय ही यह आज के वृद्धों तथा उनके परिजनों को समझने का मार्ग बताता है। हिन्दी साहित्य में वृद्ध जीवन पर कहानियाँ लिखने वाले प्रेमचन्द पहले लेखक थे और हम उनकी 'बूढ़ी काकी', 'सुजान भगत', 'मन्त्र', 'बेटों वाली विधवा' आदि कहानियों से परिचित हैं जिनमें वृद्ध जीवन की त्रासदी का चित्रण है, लेकिन प्रेमचन्द इनमें भी उनके लिए एक सार्थक जीवन–दृष्टि को उत्पन्न करते हैं और 'मन्त्र' कहानी में तो बूढ़ा भगत उस डॉक्टर के बेटे की प्राण रक्षा करता है जिसकी उपेक्षा से उसका अकेला बेटा मर जाता है और 'सुजान भगत' में भगत अपने बेटे से अपमानित होकर अपने पुरुषार्थ और जिजीविषा से उसे हरा देता है। प्रेमचन्द अपने बूढ़े पात्रों को नयी अर्थव्यवस्था देते हैं और एक कहानी में तो वे एक बूढ़ी, अन्धी ग्रामीण औरत को समाज की सेवा करते दिखाते हैं। प्रेमचन्द अपने युग के पाठकों को युग के सन्देश दे रहे थे और शीला जी अपने समय को देखकर अपने कथानायक को नयी सार्थक दिशा की ओर उन्मुख करती हैं। हिन्दी में वृद्ध जीवन पर उषा प्रियवंदा की कहानी 'वापसी' बहुत ही लोकप्रिय हुई और पाठ्यक्रमों में भी लगाई गयी, पर शायद यह 'पतझड़ में वसन्त' उपन्यास पहला है–

जो वृद्ध के जीवन पर लिखा गया है। वृद्धों की समस्या केवल हमारे समाज में ही नहीं है, बल्कि सभी देशों में है। मैंने अमेरिका में अकेले लोगों के जीवन को देखा है, वहाँ भी अकेलेपन की भयानक समस्या है और वहाँ इसका हल वृद्धाश्रम निकाल कर किया गया है, परन्तु भारत में पुरानी पीढ़ी का इसे स्वीकार कर लेना अभी तो सम्भव नहीं लगता। भारत की स्थिति भी उस उपन्यास के परिवार तथा वृद्ध कपूर जैसी ही होती जा रही है और मैं कई परिवारों को जानता हूँ जहाँ वृद्ध माता–पिता उपेक्षा का जीवन जी रहे हैं और अनेक के तो बच्चे विदेश चले गये हैं और उनकी देखभाल करने वाला कोई नहीं है। यह आधुनिक जीवन की ऐसी त्रासदी है जिसका एक हल शीला झुनझुनवाला ने इस उपन्यास में निकाला है, पर यह देखना बाकी है कि कितने भारतीय वृद्ध लोग इसे अंगीकार करते हैं और क्या वर्तमान स्थिति और भी भयावह तो नहीं होती जायेगी? और अन्त में, शीला जी ने इस उपन्यास का नाम 'पतझड़ में वसन्त' रखकर अपने कथ्य की आत्मा का संकेत कर दिया है। कपूर को अपनी वृद्धावस्था में जीवन की नयी दिशा के वसन्त को खोजना होगा। इस जीवन की त्रासदी में जीवन में नयापन ही उसे वसन्त का रूप दे सकता है। इसके शीर्षक में जो कविता है, वह जीवन के सच को हृदय पर अंकित कर देता है, जिसे इस धरती के हर आदमी को अनुभव करना है।

–कमलकिशोर गोयनका

ए–98, अशोक विहार,
फेज प्रथम, दिल्ली–110052
मोबाइल : 09811052469
ईमेल : kkgoyanka@gmail.com

भूमिका

शीला झुनझुनवाला का उपन्यास 'पतझड़ में वसन्त' एक बैठक में पढ़ जाने वाला उपन्यास है मगर यह उपन्यास बार–बार आपके ज़हन में अपने को दोहराता है उसकी पहली वजह है कि उपन्यास का मुख्य पात्र 'मैं' है, जो तन्हाई में अपनी पत्नी मंगला से बातें करता है, जो इस दुनिया में नहीं है। इस तरह 'मैं' की ज़िन्दगी पाठक के सामने, गुज़री घटनाओं के साथ खुलती जाती है। उसमें वर्तमान भी अपना हस्तक्षेप करता है जो चरित्र के साथ बदलते समय की आहटें भी देता है जिससे पाठक अपने को जुड़ा महसूस करता है और उसे अचानक 'मैं' के ज़रिये वह सारी अनुभूतियाँ व दृश्य दिल व दिमाग़ में इस तरह कौंध उठते हैं जैसे सन्नाटे में धीमी–से–धीमी आवाज़ आपको सुनाई पड़ती है और यदि आप चीख़ें तो उसमें आपकी आवाज़ प्रतिध्वनि बन इस तरह गूँज उठती है कि आपको लगता है पूरा सन्नाटा एक ही शब्द दोहरा रहा है। उस गूँज में आप घिर जाते हैं।

शीला झुनझुनवाला ने इस उपन्यास द्वारा बहुतों के दुख को 'मैं' के द्वारा हमारे सामने रखा है। छोटे मगर चुभने वाले वाक्य, चौंकाने वाली घटनाएँ, चरित्रों का परिवेश और मनोविज्ञान के बीच 'मैं' अपने को धिधकारता भी है कि आख़िर वह बोलता क्यों है जब किसी को उसके अनुभव, सूक्ष्म दृष्टि और सलाह की कोई ज़रूरत नहीं है। उसे क्यों समझ में नहीं आता है कि वह दिन गये जब पसीना गुलाब था।

"मैं मानता हूँ, हमारी सोच हमारे बच्चों के लिए अपनी जगह सही है फिर भी जो सत्य है वह यही है कि अनजाने में हम हर किसी की

ज़िन्दगी अपने ढंग से नियमित करना चाहते हैं–चाहे वह पत्नी हो, बेटा हो, बहू हो या पोते–पोती हों।"

'मैं' फिर अपनी ज़बान पर ताला लगा लेते हैं कि अब मैं नहीं बोलूँगा। यहाँ तक कि वह डॉक्टर को भी अपना हाल नहीं बताते हैं और उस समय भी वह अन्दर–अन्दर कुढ़ते हैं जब डॉक्टर कहता है उनके बोलने पर कि यह बक रहे हैं।

"उस दिन हॉस्पिटल में डॉक्टर के सामने बोलता चला गया। यह बोल थोड़ी रहा है बक रहा है। अरे मैं तो ख़ुद ही सब सच बता रहा था और जब मैं चुप हो गया तो फ़रमाता है कि शॉक लग गया है। शॉक माय फुट और अगर शॉक लग गया तो तुम्हें क्या? तुम तो बस अपना काम करे जाओ। इंजेक्शन ठोंकते जाओ। सुलाये रखो ज़बरन।"

इन संवादों के पीछे का सच क्या था जो 'मैं' इतने आहत और आक्रोश में थे। बात तो उनसे कोई नहीं करता था। बड़े कमरे से छोटे कमरे फिर एक अलग–थलग कमरे में उन्हें रखा गया। बच्चों से प्यार किया तो बदनामी, अपनी तरह की ओल्ड सिटीजन से बातचीत की तो बदनामी, डेंचर लगवाये तो छींटाकशी, एक बुजुर्ग जिसने बच्चों को क़ाबिल बनाया। पत्नी साथ छोड़ गयी। पोता–पोती के पास समय नहीं तो एक इन्सान जाये कहाँ? सब भाग रहे हैं जो मिला उसमें सुखी नहीं हैं। पता नहीं पहुँचना कहाँ चाहते हैं। यही हाल बहुओं का है। घर और बाहर एक–सा बर्ताव–डॉक्टर भी मेरे सच को बकवास समझ रहा है जबकि मैं जिजीविषा से भरा हुआ हूँ वर्ना बेटे की शानदार कार में कुचले कुत्ते को देखकर उबकाई आयी थी जो तड़प रहा था। उसकी मदद की जगह बेटे ने मेरी उल्टी करने के कारण मुझे सुनसान रास्ते पर उतार दिया ताकि वह कार की फ़ौरन सफ़ाई करवा ले और मैं इस बुढ़ापे में तन्हा खड़ा रह गया। बदमाशों से टक्कर ली और उस जंगल के बीच रास्ते से

ख़ौफ़नाक जानवरों से अपने को बचा पाया। इस बकवास अमानवीय दुनिया में मेरा चुप रहना ही उचित है।

'मैं' का सोचना और अपनी पत्नी मंगला से बातें करना उसी तरह जारी रहा जैसे पहले था। उनके लिए दो ही विकल्प थे–पहला कि वह 'ओल्ड होम' चले जायें जो मॉडर्न वानप्रस्थ आश्रम था या फिर इससे भी आगे का क़दम उठायें। लेखक ने अवसाद में और प्रश्नों से भरे बदलते समय में उन्हें तकनीक से जोड़ा जहाँ जो चाहें देख सकते हैं और जिससे चाहें सम्पर्क स्थापित कर सकते हैं और मंगला को वह सब कुछ बता सकते हैं जो उसके जाने के बाद घटा। ऊर्जा से भरा उपन्यास का यह अन्त दरअसल 'पतझड़ में वसन्त' है जो नये ज़माने से 'मैं' को उसी तरह जोड़ता है जैसे उनकी अपनी जवानी में उन्हें अपने परिवेश और आविष्कारों से जोड़ता रहा है।

इस उपन्यास की अन्तिम पंक्ति में जीवन का दर्शन ही नहीं कठोर यथार्थ भी है, "याद है, मंगला... अभी थोड़े दिन पहले तुमसे क्या कहा था...उम्मीद है तो दुख है। उम्मीदों को शून्य पर ले जाओ। दुखों से तत्काल मुक्ति मिल जायेगी।"

उपन्यास की भाषा आपको मोहती है और शैली ऐसी है जो जिज्ञासा जगाये रखती है। लेखक ने जो विषय चुना है वह हमारी दुखती नब्ज़ है जिसे प्रेमचन्द ने अपनी कहानी 'बूढ़ी काकी' में व्यक्त किया है उसमें धोखा और शोषण था। यहाँ पर उपेक्षा और सम्पन्नता है। वहाँ बेचारगी से निपटने का विकल्प न था यहाँ बूढ़ों के लिए एक नयी ज़िन्दगी की शुरुआत का संकेत है जिसे का समझना ज़रूरी है क्योंकि जिस दौर में हम जी रहे हैं उसमें जवानों पर कई तरह के दबाव हैं तो बूढ़ों पर कई तरह की मजबूरियों का बोझ है मगर एक सच जो कटु है वह यह कि जो पीढ़ी अपने बुजुर्गों की संवेदनाओं को खुशहाल और कामयाब होने के बावजूद उनकी तरफ़ ध्यान नहीं देती है शायद इस ज़रूरी उपन्यास को पढ़ कर लज्जित हों और नयी पीढ़ी इससे सबक ले।

शीला जी को मेरी ओर से बहुत–बहुत बधाई इस विषय पर क़लम उठाने के लिए। आशा है, वह भविष्य में और भी ज़रूरी विषयों पर लिखे अपने उपन्यासों को पढ़ने का अवसर देंगी।

शुभकामनाओं सहित

–नासिरा शर्मा

अपनी बात

मेरे पड़ोस में एक महिला रहती हैं बिल्कुल अकेली। गाहे–बगाहे मैं उनके पास चली जाती हूँ। कुछ देर बैठकर उनसे बतिया आती हूँ। उन्हें तो अच्छा लगता ही है मुझे भी बड़ा सुकून मिलता है। फिर कुछ ऐसा हुआ कि मैं अपनी बेटी के पास ऑस्ट्रेलिया चली गयी। लौटकर आयी तो सोचा पड़ोस में रहने वाली उन महिला की खोज ख़बर लूँ। उनके घर पहुँची तो दरवाज़े पर हाथ रखते ही वह ख़ुद–ब–ख़ुद खुल गया। अन्दर गयी तो देखा उस बड़े शानदार घर में वे एकदम अकेली कुर्सी पर किसी मूर्ति की तरह बैठी हुई थीं। मुझे देखकर उनका चेहरा खिल उठा। मैंने पूछा–बाहर का दरवाज़ा खुला हुआ था–कोई घर में नहीं है क्या? उदासी भरे स्वर में उन्होंने कहा–मेरे पति का पिछले साल देहान्त हो गया। बच्चे बाहर विदेश में हैं–अब मैंने दोपहर के समय दरवाज़ा बन्द करना छोड़ दिया है। बूढ़ी जान हूँ कहीं कुछ हो–हवा गया तो कम–से–कम लोगों को ख़बर तो हो जायेगी। इसलिए दरवाज़ा मैं बन्द नहीं करती हूँ–खुला ही रखती हूँ। उनकी स्थिति देखकर और उनसे बातें करके मन बहुत विचलित हो गया।

इसी प्रकार एक वृद्धाश्रम में जब मैं गयी तो देखा एक कमरे में 3–4 महिलाएँ बैठी हुई थीं। रेडियो पर भजन चल रहा था। उनमें से एक महिला रो रही थी–दूसरी ने बताया कि कल उसका बेटा आने वाला था लेकिन नहीं आया। दो साल से उसने बेटे को नहीं देखा है, वह लन्दन में रहता है। सीनियर सिटीज़न होम्स ऐसे भी

देखे जहाँ स्त्री और पुरुष एक ही आश्रम में रहते हैं। वहाँ भी कई महिलाओं और पुरुषों से बात की। वहाँ उपेक्षा और अकेलेपन की कहानी सबके हिस्से में कुछ–कुछ एक जैसी ही थी। असल में यह कहानी केवल उन महिला या पुरुषों की नहीं है, जिनसे मैं कभी न कभी मिली थी। बदलती हुई दुनिया की भाग–दौड़ और आधुनिकता की चकाचौंध में हमारे समाज का मिजाज़ जिस तेज़ी से बदल रहा है उसका सबसे अधिक प्रभाव हमारे परिवारों पर पड़ा है। इसका एक कारण संयुक्त परिवारों का टूटना है। असल में परिवार से एक बूढ़े व्यक्ति को अलग कर देने पर हम उन्हें कई रिश्तों से जुदा कर देते हैं। साथ ही अपनी संस्कृति या पारम्परिक मूल्यों को भी ख़त्म कर देते हैं। अक्सर हम देखते हैं कि एक बुज़ुर्ग व्यक्ति चाहे वह पुरुष हो या महिला। परिवार से बाहर भी उसके कई परिचित और दोस्त होते हैं। अख़बार वाला, दूधवाला, माली, पास–पड़ोस वाला आदि। सबसे बतियाते हुए वे अच्छा महसूस करते हैं, और अचानक एक दिन उन्हें परिवार से अलग करके कहीं और रख देने पर उनका सम्पर्क और नाता परिवार से तो टूटता ही है, उन परिचितों से भी टूट जाता है।

कहीं–कहीं पर यह भी देखने को मिला कि करियर और प्राइवेसी की चाह से एकल परिवारों की तादाद बढ़ रही है। ऐसा केवल भारत में ही नहीं है विदेशों में भी हो रहा है। ऑस्ट्रेलिया यात्रा के दौरान मैं बुज़ुर्गों के लिए बने एक सीनियर सिटीज़न होम में गयी जहाँ 5 स्टार होटलों जैसी सारी सुविधाएँ थीं। 15 दिन में एक दिन 'बस' सभी बुज़ुर्गों को लेकर पिकनिक या मॉल में भी ले जाती थी। वहाँ मैं एक ऐसी महिला से मिली जिनकी कहानी मेरे पड़ोस में रहने वाली महिला से मिलती–जुलती थी। वे शायद एक बड़े मिलिट्री ऑफ़िसर की पत्नी थीं। कमरे की दीवार पर उनके पति और बच्चों की तस्वीरें लगी हुई थीं, जिन पर उनकी हसरत भरी निगाहें जाकर बार–बार टिक जाती थी। रुपये–पैसे की कोई कमी नहीं थी। हाथों में हीरे की चमकती हुई अँगूठियाँ और वैसी ही चमकती हुई मालाएँ पहने हुए थीं। देखने में ऐसा लग रहा था कि वे वहाँ बहुत सुखी हैं किन्तु बात

करने पर पता चला कि वे कितनी अकेली हैं। उस दिन वे 'अपना बर्थडे' मना रही थीं। सामने केक रखा था–मोमबत्ती जल रही थी किन्तु वे एक अवसाद से घिरी हुई थीं। उन्होंने बताया "पहले तो बच्चे बर्थडे वग़ैरह पर आ जाते थे फिर क्रिसमस और न्यू ईयर पर उनके कार्ड आने लगे और अब तो ख़ैर–ख़बर लेने का अन्दाज़ भी ख़त्म हो रहा है इसलिए अपना बर्थडे अकेली ही मना लेती हूँ और हैप्पी बर्थडे टू मी ख़ुद ही गा लेती हूँ।" बाद में पता चला कि यह 'हैप्पी बर्थडे टू मी' वाली संस्कृति केवल बुज़ुर्गों में ही नहीं है–अकेलेपन के शिकार उन युवक–युवतियों में भी तेज़ी से बढ़ रही है, जिन्होंने न जीवन का कोई लक्ष्य निर्धारित किया है और जिनकी दुनिया केवल फेसबुक और व्हाट्स–अप में ही सिमट कर रह गयी है।

पिछले कुछ दशकों से सामाजिक कार्यक्रमों से जुड़े रहने के कारण मेरे सामने कई बार ऐसे अवसर आये जब बढ़ती उम्र के उन तबकों से मिलने का अवसर मिला जो परिवार से कट चुके हैं और अकेली ज़िन्दगी जी रहे हैं। अनेक ऐसे ओल्ड ऐज होम्स में जाने का मौक़ा भी मिला जो आज के तथाकथित सीनियर सिटीज़न होम्स कहलाते हैं। कुछ ऐसे लोगों से भी मिली जो घर में ही अकेले रहते हैं। किसी का बेटा अमरीका में नौकरी कर रहा है तो बेटी फ्रांस में जा बसी है। कहीं पत्नी नहीं रही है और कहीं पति। ऐसा नहीं है कि बच्चे अपने माता–पिता को अपने पास रखना नहीं चाहते हैं किन्तु माता–पिता स्वयं अपने परिवेश से कटकर विदेशों में जाकर स्थायी रूप से बसना नहीं चाहते हैं जहाँ उनके पुराने संगी–साथी न हों। इन स्थितियों में अपने देश में अकेले रहने का निर्णय उनका अपना होता है।

अकेले छूट गये लोगों में अलग–अलग रंग नज़र आते हैं। जैसे–जैसे उम्र बढ़ती है कुछ को लगने लगा है कि उनके जीवन का कोई अर्थ नहीं रह गया है। ऐसे बुज़ुर्गों में ज़्यादातर लोग अकेलेपन के शिकार होते हैं। उन्हें लगता है, जीवन सन्ध्या में किसी का

अपनत्व भरा साथ मिल जाये तो कितना अच्छा हो। उनकी परेशानी प्रायः संवादहीनता से शुरू होती है। धीरे–धीरे उनमें हताशा का भाव पनपने लगता है। ऐसे लोग अक्सर डिप्रेशन के शिकार हो जाते हैं। कई तो अल्कोहल का भी सहारा लेने लगते हैं। बहुत अरसे से इस समस्या पर कुछ लिखने का मन बना रही थी। अन्ततः इस उपन्यास का जन्म हुआ। मेरी यह कृति उन सभी अनुभवों का निचोड़ है जो इन वृद्धाश्रमों से मुझे मिला–सभी साक्षात्कारों से जो निष्कर्ष निकले वे मेरे अपने हैं। उन सभी का आभार जिन्होंने अपनी पीड़ाओं को मुझसे बाँटा और मुझे इस कृति को लिखने की प्रेरणा दी।

आभार डॉ. हरीश नवल का जिनकी कविता–

हम तो पात हैं सूखे
पतझर के
तुम पास होती हो तो
खिल जाते हैं
और
दुनिया समझती है
बसन्त आ गया

से मुझे उपन्यास का सुन्दर सार्थक नाम मिला।

–शीला झुनझुनवाला

एक

सुनो, मंगला, अरे तुम्हीं से कह रहा हूँ—या फिर तुमने भी सुनना छोड़ दिया है। दूसरा है ही कौन कि जिससे अपने मन की व्यथा कहूँ। किसे फुर्सत है इतनी कि दो घड़ी बैठकर मेरे मन की सुने—अपने मन की कहे। तुम ही तो...हो भी और नहीं भी हो। और इसे बस तुम्हारी मज़बूरी ही कहूँ। ऐसा तो है नहीं कि तुम जान बूझ कर मेरे पास नहीं हो—तुम्हारा बस चलता तो क्या तुम मुझे छोड़कर एकाएक चली जातीं, इसीलिए मुझे तुमसे कोई शिकायत नहीं।

शिकायत तो मुझे उस ऊपर वाले से है जिसने एक झटके में, मुझे छोड़कर तुम्हें अपने पास बुला लिया। तुम चली गयीं। सुख, दुख से परे। अनन्त आकाश में। मैं जो इस धरती पर छूट गया तो बस, छूट ही गया। कब तक रहूँगा यहाँ? कब पहुचूँगा वहाँ, जहाँ तुम हो। क्या पता? किसे पता?

तुम सोचती होगी तुमसे ज़्यादा भाग्यवान हूँ मैं। पूरा परिवार है। बेटा, बहू, पोता, पोती—दुनिया के सब सुख हैं—पर मन की कहूँ तो मैं तुम्हें भाग्यवान समझता हूँ—तुम तो एक झटके में ऊपर चली गयीं—यहाँ के दुख—दर्द, शिकवे—शिकायतों से दूर—एक ही सदमा काफ़ी था—तुम्हारे मन को कचोटने के लिए जिससे तुम उबर नहीं पायीं। मुझे वो अभी और न जाने कितने झटकों को सहना पड़ेगा—ना जाने कितने सदमों की ज़रूरत पड़ेगी।

आह—20 बरस पहले का वह झटका... आज भी सुलगता हुआ... ज्यों का त्यों। हमारी बेटी तारा तब पच्चीस बरस की थी।

हमारी लाड़ली, इकलौती बेटी तारा। हमारे दिल का टुकड़ा। उसकी शादी बस होने ही वाली थी। हमारी ही बिरादरी के एक सुन्दर, सुशील, पढ़े–लिखे इंजीनियर लड़के के साथ। बस, तभी बम फूटा कि वह यह शादी नहीं करेगी....उसे तो बस इरफ़ान के साथ ही शादी करके घर बसाना है।

कौन था यह इरफ़ान–इससे पहले तो हमने कभी यह नाम सुना ही नहीं था–न ही ऐसे किसी लड़के से तारा की दोस्ती की बात भी मालूम थी–कैसा था यह राज़, जो हमारी सतर्क आँखों से बचा रहा....मुझे अच्छी तरह याद है, मंगला; तुम कैसे फूट–फूट कर रोयी थीं जब यह बात, यह राज़ पहली बार तुम्हारे कानों तक पहुँचा था। कपूर परिवार की लड़की... एक मुसलमान से ब्याह की ज़िद करे–असम्भव। लेकिन असम्भव को सम्भव होते क्या देर लगती है। तारा ने तो लाज–शर्म छोड़ साफ़ ऐलान कर दिया कि वह सिर्फ़ इरफ़ान से शादी करेगी और किसी से शादी की बात तो वह सपने में भी नहीं सोच सकती।

कैसा हड़कम्प मच गया था हमारे परिवार में। हमने अपनी बेटी को हर तरह से समझाने की कोशिश की–किन्तु किसी की कुछ नहीं चली–वह तो बस अपनी ज़िद पर अड़ी थी। हमने भी उसकी ज़िद का जवाब ज़िद से दिया। उसे घर में ही, एक कमरे में बन्द कर दिया। सबकी आँखों से दूर नज़रबन्द। घर में शादी की तैयारियों में तेज़ी आ गयी। कैसे भी हो अब तारा के हाथ पीले कर देना ही चाहिए। आनन–फानन हमारे ढूँढ़े हुए वर के साथ।

तो मैं तुम्हें यह सब ऐसे बतिया रहा हूँ जैसे तुम्हें यह सबकुछ मालूम ही नहीं। जबकि सबकुछ तो तुम्हारी आँखों के सामने ही घटा था।

सबको नज़र–अन्दाज़ कर–सब छोड़ कर–कैसे चली गयी थी तारा, इरफ़ान के साथ। बस, इसके बाद कुछ भी तुम्हारी आँखों के सामने नहीं घटा। आँखें ही बन्द हो गयी थीं तुम्हारी।

दिल की मरीज़ तुम कभी भी नहीं थीं। कोई सोच भी कैसे सकता था कि तारा के जाने का, भागने का समाचार तुम्हें इतना भारी पड़ जायेगा।

आज भी मुझे सबकुछ याद है। वास्तविकता जानते ही तुम भहरा कर ऐसे बैठ गयी थीं कि फिर उठ ही नहीं पायी थीं। तूफ़ान की तरह झपटती एम्बुलेंस ने तुम्हें तत्काल हॉस्पिटल पहुँचाया था। लेकिन बड़े से बड़ा डॉक्टर भी बेबस होकर रह गया था।

हम और तुम–यूँ ही–सदा के लिए बिछुड़ गये थे अपनी ही लाड़ली बेटी की करतूत से। नहीं, तारा को मैं कभी माफ़ नहीं करूँगा–कभी नहीं।

लेकिन धीरे–धीरे सब शान्त होता गया। जिस तेज़ी से तूफ़ान आया था उसी तेज़ी से वह बैठ भी गया। इसी में शायद सबने अपनी सुविधा देखी। हमारे दोनों बेटे, तारा के लाडले भाई, कमलकिशोर और रमेश चन्द्र भी शान्त हो गये–ये वही भाई थे जिन्होंने तारा को कमरे में बन्द करते समय बड़ी मुस्तैदी दिखाई थी। उसके भागने के बाद पुलिस में रिपोर्ट लिखाई थी। दोनों भाभियाँ, इला और चाँदनी भी चुप होकर बैठ गयीं जिन्होंने पहले हमारे ही लाड़–प्यार को ख़ूब कोसा था। इरफ़ान के ख़िलाफ़ पुलिस में दर्ज शिकायत भाइयों ने जिस मुस्तैदी से लिखाई थी वैसी ही मुस्तैदी से उसे वापस भी ले ली। वैसे न ली जाती वापस तो भी तारा और इरफ़ान का पुलिस क्या बिगाड़ पाती? उन्होंने हर क़दम पर क़ानून को अपने साथ रखा था। दोनों बालिग थे। अपना फ़ैसला अपने आप करने का अधिकार उन्हें था। घर से भागने के पहले ही दोनों अदालत में शादी कर चुके थे। इस बात का पता तो हम लोगों को बाद में चला था।

भाई–भाभियों ने उन्हें माफ़ कर दिया। ठीक ही किया। तारा और इरफ़ान को तो जो करना था कर ही लिया था। अब उन्हें सबक सिखाने की कोशिश का भी क्या अर्थ रह पाता? सिवा वक़्त की बर्बादी के और होता ही क्या?

वक़्त या समय। समय ही हमारे परिवार में कब किसी के पास रहा है। जब हम जवान थे–हमारे पास भी समय नहीं था। ऑफ़िस की व्यस्तताओं से, दोस्तों से, संगीत और कविता की महफ़िलों से हमें कहाँ समय मिलता था कि हम घर में समय दे पाते ! शायद इसीलिए हममें और हमारे बच्चों के बीच उस लगाव की कमी रह गयी जो कि माँ–बाप और बच्चों के बीच होती है। जहाँ बच्चे दिल खोलकर अपनी बात माँ–बाप को बताने में हिचकिचाते नहीं हैं। शायद उसी का लाभ तारा ने उठाया।

पर, यह क्या? हमेशा हम बच्चों की कमियों को क्या ढकते ही नहीं रहे हैं। आज भी मैं वही कर रहा हूँ–कोई–न–कोई कारण बता कर हमेशा हमने सोचा कि शायद ग़लती हमारी ही है जिससे बच्चे ऐसे हो गये। हमेशा यही सोचा कि शायद यह उनका स्वभाव है–पर ऐसा नहीं है। आज, मैं जब अपने अतीत में झाँक कर देखता हूँ तो पाता हूँ कि हमने अर्थात मैंने और तुमने, नहीं नहीं ख़ासकर तुमने बच्चों को उनकी आवश्यकताओं के अनुसार पूरा समय दिया। यहाँ तक कि जब छोटे थे तब रात–रात भर उनके सिरहाने बैठी रहीं–बीमारी के समय–पढ़ाई के समय। मुझे आज भी याद है कि जब उनके एक–दो नम्बर भी कम आते थे–तो तुम जाकर टीचर से पूछती थीं बाकायदा लड़ पड़ती थीं कि ऐसा कैसे हो गया–क्यों नम्बर कम आये और फिर उन्हें बैठकर पढ़ाना–पूरा समय देना तुम्हीं तो करती थीं। कहीं पिकनिक पर जाते थे तो उन्हें साथ लेकर जाते थे। उनमें हमारी जान बसती थी–आज वे बातें उन्हें शायद याद भी नहीं होंगी और होंगी भी तो उन्हें लगता होगा–यह तो हर माँ–बाप करते हैं–उनकी ज़िम्मेदारी है। हाँ, यह तो है–पर एक बात है–जिसमें हमारी ओर से कमी रह गयी थी–और वह यह कि बच्चों की बढ़ती उम्र में हमने उनके साथ सब कुछ साझा नहीं किया–वे अपने ढंग से चलते रहे–हम अपने ढंग से–कभी उन्होंने स्कूल की छोटी–से–छोटी बात हमसे आकर बाँटी नहीं–और हमने शायद इस ओर ध्यान नहीं दिया–

पर इसका भी एक कारण था—हमारे और तुम्हारे दोनों के ऊपर से माँ—बाप का साया बहुत छोटी उम्र में ही हट गया था—इसलिए हमें पता ही नहीं था कि हमने बचपन में क्या मिस किया है।

तुम तो अक्सर मुझे बताती भी थीं कि कैसे छोटी उम्र में ही तुम छोटे भाई—बहनों की माँ बन गयी थीं—खेलने—खाने की उम्र में तुम्हारे ऊपर ज़िम्मेदारियों का बोझ आ पड़ा था।

पर अब इन बातों को सोचने का क्या फ़ायदा? आज तारा चालीस बरस की हो गयी है। इरफ़ान बयालीस का है। दोनों अपनी उम्र से दस बरस कम लगते हैं—धड़ल्ले से अपने यहाँ आते—जाते हैं। भाई—भाभियों से मिलते हैं। दोस्तों में बैठकर हँसते—बोलते—बतियाते हैं। पर कमबख़्तों ने मुझे अकेला कर दिया है। मैं ही हरदम यह सोचता रहता हूँ मगर उनके चेहरे पर शिकन तक नहीं है।

जब भी आयेंगे मुझसे मिलने ज़रूर आयेंगे। मेरे कमरे में दोनों साथ—साथ ही दाख़िल होंगे। तारा कभी अकेली नहीं आती है मेरे पास। कभी ऐसा नहीं हुआ कि मेरे पास बैठकर मुझसे बतियाये। मेरे सुख—दुख की पूछे—अपने सुख—दुख की बताये। हमेशा इरफ़ान को साथ लेकर आयेगी। बीस बरस शादी को होने को आये हैं। कभी अपने बेटे और बेटी को लेकर नहीं आये। अगर उन्हें लाते तो शायद हमारी यह दूरी कुछ कम हो जाती। सोचता हूँ, तारा शायद अभी भी मुझसे डरती है। संकोच करती है।

मेरे ही दिल का टुकड़ा मुझसे डरने लगे यह कोई अच्छी सिचुएशन नहीं है। मगर क्या हो सकता है। दिल के टुकड़े ने ही जब दिल तोड़ दिया हो तब सिवा चुप रह जाने के सिवा और कर भी क्या सकता हूँ। तारा मेरे हाल—चाल पूछती तो है मगर गिनती के शब्दों में और मैं बस हाँ हूँ करके रह जाता हूँ।

भाई—भाभियों से माफ़ी मिल जाने के बाद तारा जब पहली बार मेरे सामने आयी थी—यानी तुम्हारे जाने के बाद मुझे पहली बार मिली थी—तब भी मैं चुप ही रह गया था। क्या कहता? बचा ही क्या था कुछ कहने के लिए। हाँ, अगर वह मेरी गोद में सिर रख कर,

रो लेती उस वक़्त तो शायद हमारे बीच की दीवार तब ढह गयी होती। एक खाई–एक दरार जो अनजाने ही रह गयी थी–पट गयी होती। पर वैसा नहीं हुआ।

तुम कहोगी। बेटे तो थे मेरा दुख बाँटने के लिए। बहुएँ भी थीं। पर किसी ने मेरे कन्धों पर हाथ रखकर यह नहीं कहा पापा, आप क्यों चिन्ता करते हो। हम हैं न आपके साथ–आप अकेले नहीं हो। बस दोनों काम सब करते रहे–मशीनवत। व्यस्त भी थे वे अपने घर–परिवार–ऑफिस में–पर मेरे पास दो घड़ी बैठने की फुर्सत तब भी नहीं थी उन दोनों के पास। बस मैं रह गया था–और रह गयी थी मेरी उदासी–मेरा अकेलापन–मेरी ख़ामोशी।

दो

आज एक ऐसी घटना घटी, जो थी तो छोटी–सी लेकिन जिसने दिल पर सीधी चोट मारी।

अपने रेज़िडेंशियल टावर में बहुत ही प्यारे तीन बच्चे हैं। मेरे कमरे में अक्सर आते रहते हैं। मैं उन्हें अक्सर चाकलेट या ऐसी कोई छोटी–मोटी चीज़ दे देता हूँ। तीनों के नाम बड़े ही प्यारे हैं। आज–कल लोग अपने बच्चों के नाम कितने प्यारे रखते हैं और ढूँढ़–ढूँढ़ कर नाम निकालते हैं। पहले देवी–देवताओं के नामों का चलन था–जो सीधे–सीधे राम, विष्णु–महेश आदि जैसे होते थे–आज भी नाम अगर देवी देवता पर रखेंगे तो उसे तोड़–मरोड़ कर–ऐसा रख देंगे कि वह न देशी रह जाये, न विदेशी।

ख़ैर, मेरे ठीक नीचे के यानी सोलहवें फ्लोर के एक बच्चे का नाम है, अयान। बारहवें फ्लोर पर रहती है–कशिश। आठवें फ्लोर पर झिलमिल है। ये तीनों कभी तो साथ–साथ आ जायेंगे और कभी अकेले भी। मैं इनका खिलौना हूँ और ये मेरे खिलौने हैं। किसी दिन इनसे नहीं मिलता हूँ तो मन बेचैन हो जाता है–क्यों नहीं आये–क्या हो गया–कहीं बीमार तो नहीं हो गये आदि शंकाएँ घेरने लगतीं। बच्चों को भी अपने दादा जी से मिले बग़ैर चैन नहीं।

बच्चों के माता–पिता भी जानते हैं कि बच्चे अक्सर कहाँ जाते हैं। बच्चों को ढूँढ़ना हो तो सबसे पहले मुझे फ़ोन करेंगे, "अयान आपके पास है क्या?" "कशिश को नीचे भेजिए न दादा जी, लंच लिए

बग़ैर ही आपके पास आ गयी है।" "झल्ली को ज़रा फ़ोन तो दीजिए, जब देखो, आपको तंग करती रहती है।'' झल्ली यानी झिलमिल।

झिलमिल की माँ पंजाबन है। पंजाबी में झल्ली का अर्थ अच्छा नहीं होता। जो पगला या नादान हो उसे अक्सर झल्ला या झल्ली कहते हैं। मैंने झिलमिल की मम्मी को एक बार टोका भी था। "इसे झल्ली मत कहा करो–यह तो बड़ी प्यारी, होशियार बच्ची है।''

झिलमिल की मम्मी ने बिना मुस्कराये जवाब दिया था, "सबकी ज़बान पर यही चढ़ गया है। ठीक है, चलता है, वैसे यह है भी तो झल्ली।"

तीनों बच्चों में झिलमिल मेरे साथ सबसे ज़्यादा हिली हुई है। उसके दूध के दाँत टूट रहे हैं। आज उसने क्या किया–जानती हो मंगला। कमरे में घुसते ही उसने मेरा फ़ोन उठा कर नीचे रख दिया। रिसीवर नीचे रखते हुए बोली, "अब मम्मी कैसे बुलायेंगी मुझे," कह कर खिलखिला पड़ी वह। सच में बड़ी प्यारी बच्ची है। आज के बच्चे बड़े तेज़ होते हैं। उसकी भोली चालाकी से मैं भी मुस्कराये बग़ैर नहीं रह सका। आँखें नचा कर झिलमिल ने फिर पूछा, "दादाजी, यह बताइए, आप बच्चे हैं या बूढ़े?

अजीब–सा सवाल था–क्यों पूछ रही है? क्या जवाब दूँ?

"बताइए न, दादाजी, आप बच्चे हैं या बूढ़े," उसने फिर पूछा।

मैंने कहा, "तुम्हें क्या लगता हूँ। बच्चा या बूढ़ा।''

"मुझे तो बूढ़े ही लगते हैं''–उसका जवाब था।

"तो ठीक है, मैं बूढ़ा ही हूँ।" मैंने कहा।

झिलमिल फिर बोली "लेकिन मम्मी–पापा तो कह रहे थे बूढ़ों और बच्चों में कोई फ़र्क़ नहीं होता? क्या यह सच है दादाजी?"

मैं क्या बोलता–कुछ देर सोचा, फिर कहा, "हाँ, है तो सच।" झिलमिल की शंका फिर भी दूर नहीं हुई। वह बोली, "दादाजी, यह सच कैसे हो सकता है? बूढ़े तो देखने में बूढ़े लगते हैं। वे बच्चे कैसे हो सकते हैं।"

मैंने सोचा फिर कहा, "वह इस तरह कि...बच्चों के दाँत गिरते हैं न? बूढ़ों के भी दाँत गिरते हैं।" पर झिलमिल तो आज की जेनरेशन की बच्ची थी। उसका आई–क्यू ज़बरदस्त था–उसकी शंका का समाधान क्या सहज था। उसने फिर पूछा, ''मेरे दाँत तो गिरने से पहले हिलते हैं।" मैंने कहा, ''हाँ, झिलमिल मेरे दाँत भी गिरने से पहले हिलते हैं।''

झिलमिल बड़ी बातूनी बच्ची थी–दो मिनट भी उससे चुप नहीं बैठा जाता था–अबकी उसने फिर पूछा, "दादाजी, आप मुझे पूरे नाम से क्यों पुकारते हो। सब तो मुझे झल्ली कहते हैं।''

"क्योंकि तुम झिलमिल हो–पूरी की पूरी झिलमिल। सिर्फ़ झल्ली नहीं''–मैंने कहा।

"दादाजी झिलमिल मायने क्या?'' झिलमिल के प्रश्न तो ख़त्म होते ही नहीं थे उसने पूछा।

"झिलमिल–झिलमिल मायने पूरी की पूरी चमकती किरण।" मैं बोला।

''फिर झल्ली माने?" उसका अगला प्रश्न था। मैं क्या बोलता उस बच्ची से–इसके पहले वह कुछ और पूछती, मैंने उसका ध्यान हटाने के लिए कहा, "अच्छा चल, कैरम खेलते हैं।''

और मेरे और झिलमिल के बीच कैरम की बाज़ी जम गयी। मैं जान बूझ कर हारने लगा।

काफ़ी समय कैरम खेलते हो गया तो झिलमिल ऊब गयी। अचानक उठ खड़ी हुई और बोली, "दादाजी अपने दाँत दिखाइए न?''

"दाँत दिखाऊँ क्यों?''

"हिलाकर देखूँगी। कैसे हिलते हैं।"

"अरे, जैसे तुम्हारे हिलते हैं, वैसे ही मेरे हिलते हैं। इसमें देखना क्या?'' मैंने कहा।

"नहीं–नहीं मैं पूरा हिलाकर देखूँगी।''

"अच्छा, ले देख" और मैंने अपना मुँह पूरा खोल दिया।

"पर झिलमिल तो झिलमिल ठहरी। इतने से कहाँ मानने वाली।" अबकी बोली, "आँखें बन्द करिए।"

मैंने कहा, "क्यों?"

"बस ऐसे ही बन्द करिए अपनी आँखें।"

"अच्छा ले। तू मानेगी थोड़े ही–ले मैंने आँखें भी बन्द कर लीं"–मैंने आँखें बन्द करते हुए कहा।

"अरे–अरे मुँह तो खोलिए। आपने तो मुँह भी बन्द कर लिया।''

"ओफ हो–ले–अब ये खुल गया मुँह आ–आ...।" कह कर मैंने मुँह भी खोल दिया।

झिलमिल ने अपनी नन्ही उँगलियाँ कब मेरे मुँह में डालीं–मैं बता नहीं सकता क्योंकि मेरी आँखें बन्द थीं लेकिन अब वह मेरे दाँतों को हिला–हिलाकर जाँच रही थी कि कौन–सा हिलता है और कौन–सा नहीं।

मैं कुछ कहूँ इसके पहले उसने पूछा, ''दुखता है क्या?''

मैंने मुँह जस–का–तस खुला रख कर सिर हिलाया और कहा, "नहीं।"

मैं उसके आनन्द में खलल नहीं डालना चाह रहा था। सहसा झिलमिल गम्भीर हो गयी और एक दाँत को थोड़ा ज़्यादा हिला कर बोली, "दादाजी यह वाला तो बहुत ज़्यादा हिल रहा है। खींचू थोड़ा–सा।"

सुनते ही मैं घबरा गया–कहीं सचमुच वह मेरे दाँत को समूचा ही उखाड़ न दे। मेरी आँखें एकदम खुल गयीं। अपना मुँह फ़ौरन बन्द कर लेना चाहता था–लेकिन कैसे करता–झिलमिल की उँगलियाँ मेरे मुँह के अन्दर थीं। मेरे हिलते दाँतों को वह हौले से पकड़ चुकी थी और अब खींचने भी लगी थी। मुझे जितना दुख रहा था–उससे कहीं ज़्यादा उसके मुख की भंगिमा देख कर मज़ा भी आ रहा था–

तभी...

ज़ोर की आवाज़ सुनाई दी–"झल्ली।"

झिलमिल एकदम घबरा गयी। पलक झपकते उसने अपनी नन्ही उँगलियाँ मेरे मुँह से बाहर निकाल लीं। शायद वह मम्मी के गुस्से को मुझसे ज़्यादा जानती थी।

"क्या कर रही थी तू–दादा के साथ,"–ज़ोर से डाँट कर मेरी पड़ोसन ने पूछा।

"नहीं तो–कुछ भी तो नहीं"–सकपका कर झिलमिल बोली।

"दादा के मुँह में हाथ क्यों डाल रही थी–मैंने अभी–अभी तो देखा था।" उनका क्रोधित स्वर फिर गूँज उठा।

"मम्मी–वो तो–" झिलमिल सकपका कर बोली।

मम्मी फिर चिल्लायी–"चल हाथ धो।"

झिलमिल की मम्मी की आँखें अब मुझ पर आ टिकीं, "क्या दादा जी...आप भी। बच्चों को डाँटते नहीं हैं–उलटे ऐसी गन्दी आदतें सिखाते हैं।"

"नहीं जी–वो तो–बच्ची है–ऐसे ही खेल रही थी–मेरे–दाँतों से"–मैं उनके गुस्से के सामने ठीक से बोल भी नहीं पा रहा था।

"यह खेल है? यह कैसा खेल–इसे आप खेल कहते हैं।" वे फिर चीखीं।

मैं क्या कहता–मैं भी सहम–सा गया था। शायद मुझे झिलमिल को वैसा नहीं करने देना चाहिए था–पर मैंने तो सोचा था–बच्ची खेल रही है–मेरे दाँत ही तो हिला रही है–बेशक मुझे कुछ दर्द महसूस हुआ था–पर उसका कौतूहल देखकर मैं उसे रोक नहीं पाया था। पर अब–उनके गुस्से को देखकर मैं भी सहम गया–अस्फुट स्वर में बस इतना ही कह सका–"आई एम सॉरी।"

एकाएक उन्होंने फिर इधर–उधर देखा–अचानक उनकी नज़र पास रखे फ़ोन पर जा टिकी–फ़ोन जिसे झिलमिल ने रिसीवर से

अलग हटा कर रख दिया था, कि मम्मी उसे बुला ना लें—वे फिर चीखीं—

"और यह फ़ोन नीचे क्यों रखा है। ज़रूर आपने ही रिसीवर रख दिया होगा।''

मैं चुप क्या कहता—भला मैं फ़ोन नीचे क्यों रखता। झिलमिल का नाम लेता तो उसे फिर से उनके आक्रोश को सहना पड़ता।

वे फिर गरजीं, बोलीं—"कितनी बार फ़ोन मिलाया। बार—बार इंगेज्ड आ रहा था। अच्छा हुआ जो अपनी आँखों से देख लिया।'' फिर मेरी ओर मुखातिब होकर डाँटते हुए बोलीं—''दादाजी आप बुजुर्ग हैं। बच्चों को यही सिखाते हैं।''

मैं क्या कहता। चुप रह गया।

झिलमिल अपनी मासूम—सी निगाहों से मुझे देख रही थी। उसकी आँखें कह रही थीं, "मम्मी को मत बताना कि रिसीवर किसने नीचे रखा था।"

झिलमिल को खींचते हुए मिसेज़ सहगल फर्राटे से बाहर निकल गयीं। वैसे भी उनका चेहरा हमेशा तना हुआ ही रहता था। वे कभी किसी से मुस्करा कर बात भी नहीं करती थीं। उनकी बेटी अक्सर मेरे पास आती थी—यह भी उन्हें पसन्द नहीं था। पर आज तो हद हो गयी...।

मैंने इस घटना को भी मिसेज़ सहगल की आदत समझ कर उस पर ध्यान नहीं दिया और क़रीब—क़रीब इस घटना को भूल ही गया था।

पर सोचो मंगला—मैं तो कभी सोच नहीं सकता था कि एक भोली—सी बात का इतना बड़ा बतंगड़ बन जायेगा।

48 घण्टों के अन्दर बात कहाँ—से—कहाँ बढ़ गयी। पूरे विंग में यह ख़बर बिजली की तेज़ी से जो फैली तो फैलती ही गयी। यह अफ़वाह कि यह बूढ़ा—यानी मैं—छोटे—छोटे बच्चों को चाकलेट और कम्पट देकर अपने पास बुलाता है और उनके साथ जाने क्या—क्या

हरकतें करता रहता है। दिमाग़ घूम गया है कमबख्त का—डर्टी पिग—बिल्कुल मैनर्स नहीं हैं। बच्चों को बर्बाद कर देगा। सब कोई सावधान हो जाये। अपने बच्चों पर निगाह रखें। और उसके पास न जाने दें।

अफ़वाह जिस व्यक्ति के बारे में होती है, उसके कानों तक तो वह सबसे बाद में पहुँचती है। मुझे तो इस अफ़वाह का पता ही नहीं चलता। पर मुझे हैरत ज़रूर थी कि तमाम बच्चों ने मेरे पास अचानक आना क्यों बन्द कर दिया, और बच्चों के माँ—बाप मुझसे कतरा कर क्यों निकल जाते हैं।

वो तो.... भगवान भला करे रागिनी का जिसने अफ़वाह सुनते ही उसका न केवल विरोध किया—बल्कि ख़ुद आकर मुझे सावधान भी कर दिया।

आघात अविश्वास और झेंप से मैं रागिनी की ओर देखता रह गया।

"उसने मुझे डाँटा भी, आपको क्या ज़रूरत थी। झिलमिल की उँगलियाँ अपने मुँह में डालने की!"

"हद है—मैं बुरी तरह बौखला गया—ऐसा मैंने क्या अपराध कर दिया और कौन कहता है कि मैं उसकी उँगलियाँ मुँह में डाल रहा था।''

"पूरे विंग में यही कहा जा रहा है।''

"सब सठिया गये हैं।''

"और वे कह रहे हैं आप सठिया गये हैं।''

"बुलाओ मिसेज़ सहगल को ज़रा मेरे सामने तो आकर बोले''—मैं क्रोध से बिफर रहा था।

रागिनी बोली, "छोड़िए, भी न—मैं मिसेज़ सहगल को आड़े हाथों ले चुकी हूँ। उसका कहना है कि यह बात इस तरह तो उसके मुँह से कभी निकली ही नहीं दूसरे अगर तोड़—मरोड़ कर बात का बतंगड़ बनाकर उसे पेश कर रहे हैं तो वह क्या कर सकती है।

किस–किस का मुँह बन्द करती फिरे–फिर उसे ज़रूरत भी क्या है–यह सब करने की।"

मैं क्या बोलता–अवाक् रह गया। यह भी ख़ूब रही। उसकी कोई ज़िम्मेदारी ही नहीं है। जबकि बात उसी ने बिगाड़ी है। और कैसे क्या हुआ था–रागिनी को बताने लगा कहा देखो सिर्फ़ हुआ यह था...

रागिनी हँस पड़ी–

मैं झल्ला उठा, "मेरा टोटल इम्प्रेशन दाँव पर लगा हुआ है और तुम हँस रही हो।"

''हँसूँ नहीं तो क्या करूँ पहले तो ऊटपटाँग हरक़ते करेंगे आप। और फिर कहेंगे हँसो भी नहीं। ऐनी वे रिलैक्स अफ़वाहें ऐसी ही होती हैं। ज़रा–सी बात ऐसी ट्वीस्ट हो जाती है कि ख़ैर जाने दीजिए।''

''अरे, ऐसे कैसे जाने दूँ ये तो बिल्कुल बकवास है।'' रागिनी बोली।

"मेरे ख़्याल में यही अच्छा होगा कि आप कुछ न बोलें–खामोश रहें। कुछ भी एक्सप्लेनेशन देंगे तो बात बिगड़ेगी ही। न तो सफ़ाई माँगें और न सफ़ाई दें। वक़्त गुज़रने दीजिए–सब ठीक हो जायेगा, और फिर आपसे ख़ुद तो किसी ने आकर कुछ कहा नहीं है।"–बोलकर रागिनी चली गयी।

रागिनी के जाते ही मैंने दरवाज़े को हौले से बन्द किया और सिटकनी चढ़ा दी। दीवार से पीठ टीका कर मैं सुन्न खड़ा रहा–न चाहते हुए भी मेरा मन बार–बार कचोटने लगा। अपने अन्तर को मैं बार–बार तौलने लगा। सवाल अकेली झिलमिल का नहीं है। सवाल अयान और कशिश का भी है। दूसरे भी कई बच्चों का भी है, जो इसी बिल्डिंग के हैं और अक्सर मेरे पास आते रहते हैं, मेरे साथ खेलते हैं। ऊधम करते हैं यहाँ उन्हें न मम्मी का डर है–न पापा का। चाहे जितनी शैतानियाँ करें–मुझसे वे कहानियाँ सुनते हैं–ऊटपटाँग प्रश्न पूछते हैं। मैं उनका बूढ़ा दोस्त जो हूँ। अपने दादा–दादी की कमी को मेरे पास आकर वे पूरी करते हैं। मैं भी उनके साथ खेल

कर एक बार फिर से बच्चा बन जाता हूँ। उन्हें गले लगाता हूँ—उन्हें चूमता भी हूँ—उनके साथ हँसता भी हूँ—बोलता भी हूँ। अब कल को कोई यूँ कहने लगे कि यह बूढ़ा तो बच्चों को चूमता है तो क्या बच्चों को चूमा नहीं जा सकता? गले नहीं लगाया जा सकता—गोदी में नहीं बिठाया जा सकता—अपने हिलते दाँतों से खेलने की छूट क्या किसी बच्चे को नहीं दी जा सकती? ठीक है—यह आदत है तो गन्दी पर वह बेचारी बच्ची रोज़—रोज़ तो मेरे मुँह में हाथ डालकर मेरे दाँतों को हिलाती नहीं थी। न तो उसका हाथ गन्दा था और न ही मेरा मुँह। एक बार उसने मेरे मुँह में अपना हाथ डाल भी दिया तो क्या क़यामत आ गयी पर झिलमिल की मम्मी ने तो राई का पहाड़ बना दिया।

दरअसल, हर बूढ़े के मन में एक टीस छिपी होती है यही कि कोई उसके पास आकर बैठे उससे दो—चार बातें करे। कुछ अपनी कहे, कुछ उसकी सुने। घर के बड़ों को तो इतना समय नहीं है कि वे अपने क़ीमती समय में से कुछ समय उनके लिए निकाल सकें। बड़ों के पास बैठना उन्हें बोझ लगता है। सुबह—सुबह वे काम पर निकल जाते हैं। शाम को देर से जब लौटते हैं तब उनकी अपनी फेमिली है, बीवी है, बच्चे हैं। अरे हाँ, बच्चों को जो छोटी—बड़ी उम्र की सन्धि पर खड़े हैं उन्हें भी कहाँ फुर्सत है। उनकी फेसबुक है, कभी वे फेसबुक पर लगे रहते हैं तो कभी ट्विटर पर।

रह गये बहुत छोटे बच्चे—झिलमिल और अयान की उम्र के। परिवार की संवादहीनता वे ही ओस की बूँदों की तरह बूढ़ों के मन की टीस को कुछ हद तक कम करते हैं।

मैं भी इसी स्थिति का शिकार हूँ। मेरे परिवार में ऐसे कितने हैं जो मेरे पास आकर 5—10 मिनट बैठते हों। कभी मेरा स्पर्श करते हों, मुझे गले लगाते हों। सुबह—शाम उनकी हेलो—हाय ही सुनाई पड़ती है। हाथ दिखाई पड़ता है पर दूर से ही। कभी पैर छूने का प्रसंग होता है तब भी... छूने के लिए झुकेंगे ज़रूर, हाथ भी बढ़ायेंगे, लेकिन एकाध इंच के फ़ासले पर हाथ अचानक रुक जायेगा।

बड़ा बेटा कमलकिशोर उसकी बीवी इला–कमल, इला की इकलौती बेटी–अनुष्का यह सब कब आख़री बार मेरे पास आकर घण्टा–आध घण्टा बैठे थे–याद नहीं।

छोटा बेटा रमेश चन्द्र उसकी बीवी चाँदनी। रमेश चन्द्र के दोनों बेटे अजय और अभय। अजय है 17 का और अभय 15 का। दोनों ही मेरी जान हैं। मुझे यक़ीन है कि कोई जाकर इन्हें बताये कि दादा को तुम्हारी बहुत ज़रूरत है तो वे ज़रूर मेरी हर ज़रूरत पूरी करेंगे। दोनों के मन में मेरे लिए आदर है–वह इनकी आँखों में झलकता है। अक्सर मेरे कमरे में आयेंगे–हालचाल पूछेंगे, मधुर–मधुर मुस्काते रहेंगे–पर सब दूर–दूर से ही भागते हैं कि कहीं पकड़ में न आ जायें।

काश! मेरे परिवार में भी नन्हें बच्चे होते। छोटे–नन्हें बच्चे कभी कोशिश नहीं करते बूढ़ों से बचने की। वे तो लपक कर दादा दादी–नाना नानी की गोदी में जा घुसते। जो छलकता स्नेह उन्हें बूढ़ी गोदी में मिलता है वह सगे माँ–बाप की गोदी में भी कहाँ? ये नन्हें बच्चे ही हैं जो बूढ़ों की ज़िन्दगी को जीने लायक बनाते हैं। ईश्वर ने इन्हें ख़ास मुझ जैसे बूढ़ों के लिए ही इस धरती पर भेज रखा है। लेकिन मेरे परिवार में छोटे ये नन्हे मुन्ने कहाँ? इस मेरे परिवार नियोजन ने परिवारों में बच्चों की संख्या ही कम कर दी है। और बड़ों का अकेलापन बढ़ा दिया है। मेरे परिवार के सबसे छोटे सदस्य भी 17 और 15 वर्ष के हैं। अजय है 17 का और अभय है 15 का। इतने बड़े बच्चे भला क्या आयेंगे मेरी गोदी में। लेकिन वे मेरे कन्धों पर हाथ तो रख सकते हैं न। पर वे इतना भी नहीं करते।

फिर भी...परिवार के सबसे अच्छे प्यारे और दुलारे सदस्य कोई हैं मेरे लिए तो ये दो ही हैं। अजय–अभय–दोनों भाई सचमुच सबसे भिन्न हैं। और इनके ताल भी आपस में क्या ख़ूब मिले हुए हैं। दोनों की चाल राजसी है और मुस्कान सन्तों जैसी। मुझे यक़ीन है अगर कोई इन्हें बताये दादा को तुम्हारा साथ चाहिए–स्पर्श चाहिए तो वे

ज़रूर मेरे पास आकर बैठेंगे–बचपन की तरह मेरा हाथ पकड़ेंगे–मेरी गर्दन पर झूल जायेंगे। दोनों के मन में मेरे लिए जो आदर है वह इनकी आँखों में झलकता है। काश–ये समझ पाते कि मुझे उनके आदर के साथ–साथ उनका साथ भी चाहिए। इस बूढ़ी में भी मैं इनका साथी–इनका मित्र बन सकता हूँ–यह सच है कि ये मेरे कमरे में आते हैं अक्सर–मेरा हाल–चाल पूछते हैं, मधुर–मधुर मुस्कराते हैं पर सब दूर–दूर से दरवाज़े पर खड़े होकर ही बस दो मिनट के लिए और फिर भाग जाते हैं। काश! मेरे मन की स्थिति यह समझ पाते कि मेरा मन इनके साथ के लिए कितना तरसता है। ...लेकिन यह बात मैं अपने ही मुँह से कैसे कहूँ।

यही कारण है कि ज्यों–ज्यों मेरा परिवार मुझसे दूर जाता जा रहा है, मेरा अकेलापन भी बढ़ रहा है। इसीलिए मैंने दोपहर हो या शाम कमरे का दरवाज़ा बन्द करना छोड़ दिया है। एक कारण तो यह है कि दरवाज़ा खुला रहता है तो यह है कि मैं सोचता हूँ कि अकेली जान हूँ। कहीं कुछ हो हवा गया तो कम–से–कम लोगों को समय रहते ख़बर तो हो जायेगी। दूसरा कारण यह है कि कभी–कभी दरवाज़ा खुला रहता है तो अड़ोस–पड़ोस के बच्चे शाम होते ही दादाजी–दादाजी कहते अपना अड्डा मेरे कमरे में जमा लेते हैं। उनका अपनत्व भरा साथ ही मेरी रोज़ की ताक़त भरी ख़ुराक है।

नन्ही झिलमिल को मैंने अपने हिलते हुए दाँत पकड़ने क्यों दिये थे। इसलिए न कि उसका नटखटपन संजीवनी बूटी था मेरे ख़ालीपन के लिए। उसका चुलबुलापन मुझे मेरे बचपन की याद ही तो दिला रहा था। पर यह बात मिसेज़ सहगल को क्या कभी समझ में आयेगी। ज़रूर आयेगी, जब वो मेरी जैसी बूढ़ी हो चुकी होंगी और अकेली भी।

तीन

मंगला, तुम अचानक चली गयी थीं तब मैं 55 का था, आज 70 का हूँ। इन 15 वर्षों में भारत की केवल इमारतें नहीं बदली हैं, सोच भी बदल गया है। शायद यही मेरी सबसे बड़ी दिक्कत है। सबसे बड़ी परेशानी है। बदलते समय के साथ मैं अपनी सोच को नहीं बदल पाया हूँ। ये नयी, ऊँची दमकती इमारतें, नये–नये ढंग का फ़र्नीचर, लोगों का पहनावा, उठने–बैठने का सलीका, ब्रांडेड चीज़ों का मोह, दिखावापन, सभी कुछ तो बदल गया है। मैं नयी, ऊँची इमारतों से, उनमें दमकते चेहरों से नफ़रत नहीं करता, लेकिन पैसा! सिर्फ़ पैसा! केवल पैसा मुझे कभी पूरी तरह आकर्षित नहीं कर पाया–न पहले और न आज। ऐसे समाज में जहाँ आज पैसा ही सबकुछ है, मैं एडजस्टमेंट नहीं कर पा रहा हूँ–क्या यह मेरी कमज़ोरी है–या मेरी ग़लती।

तुम तो मुझे अच्छी तरह जानती हो मंगला। पैसा मुझे कभी मुग्ध नहीं कर पाया। चढ़ती जवानी और ढलती उम्र, दोनों ही दौर में मैंने बैंक में काम किया है। पैसों के ढेर में ही दिन गुज़ारे हैं। पूरा दिन नोट गिनते ही गुज़र जाता था। फिर मुझसे बेहतर भला कौन समझ सकता है पैसे की क़ीमत। रिटायर हुआ तो बैंक का आला अफ़सर था–बड़ी पोस्ट पर था–बड़े–बड़े लोगों से मिलता–जुलता था। चाहता तो भारी रक़में जोड़ सकता था। लेकिन ऐसा कभी चाहा नहीं। मेहनत से कमाओ–चैन से जियो। तुम भी तो सदैव कहती थीं–

ईमानदारी से रहने में जो सुख है, चैन है, उसके आगे सब बेकार है। ऐसा नहीं था कि मैं ही अकेला ऐसा सोचता था। मेरी तरह सोचने वाले उन दिनों अनगिनत थे–और दूर भी नहीं आसपास ही थे।

और आज, आज तो हेराफेरी का ज़माना है–धोखाधड़ी से कमाओ और आराम से रहो–यही नारा है चारों तरफ़।

ख़ुद हमारे दोनों बेटे हेराफेरी करने में जी–जान से जुटे हैं। समय के साथ वे भी बह गये हैं। कमलकिशोर आज मुम्बई के बड़े बिल्डरों में गिना जाता है। आसपास के गाँवों की ग़रीब मछुआरों की ज़मीनें हड़पने की कला का वह महारथी है।

ऊँचे–से–ऊँचे राजनेताओं के साथ उसका उठना–बैठना है। बिना राजनेताओं के संरक्षण के क्या वह उनकी ज़मीनें यूँ बिन्दास हड़प सकता था। और वह भी क्या उसकी यूँ ही मदद करते हैं। कमलकिशोर के हर प्रोजेक्ट में उनका हिस्सा रहता है। विशाल भू–खण्ड कौड़ियों के मोल ख़रीद कर, उन पर अत्याधुनिक कालोनियाँ और फ़ैशनेबुल मॉल तैयार करने वाला, आज का कमलकिशोर सिर्फ़ पन्द्रह बरस पहले खस्ता–हाल इमारतों की मरम्मत करने वाला एक मामूली ठेकेदार भर था। उस समय के कमलकिशोर और आज के कमलकिशोर में ज़मीन–आसमान का अन्तर है। यह अन्तर–इतनी ऊँची उड़ान इतने कम समय में सम्भव हो सकती है–कोई सोच भी नहीं सकता था।

तुमने मंगला अपने कमलकिशोर को केवल एक मामूली ठेकेदार के रूप में ही देखा है। तुम्हारे जाने के बाद उसने बतौर बिल्डर जो ऊँची उड़ान भरी उसकी मिसाल देते लोग थकते नहीं। पर मैं बिना थके, लगातार, अपने आप को याद दिलाता रहता हूँ कि यह उड़ान सफलता की उड़ान नहीं है, यह तो हेराफेरी की उड़ान है।

छोटे भाई रमेश चन्द्र को कमलकिशोर हर महीने एक मोटी रक़म देता है, ताकि वह समाजसेवा का अपना ढोंग जारी रख सकें। उसने एक एन.जी.ओ. खोल रखा है। इसी ढोंग के सहारे वह भी एक दिन

मज़े से राजनीति की शानदार बुलन्दियों पर पहुँचेगा और ख़ुद भी निहाल होगा–बड़े भाई को भी निहाल कर देगा।

समाजसेवा सच्ची हो या झूठी, उसके लिए पैसा और वक़्त, दोनों, भरपूर चाहिए। और दोनों में से किसी की भी कमी रमेश चन्द्र को कभी नहीं होती, बड़े भाई की कृपा से।

कमलकिशोर की कम्पनी का नाम है के.के. बिल्डर्स प्राइवेट लिमिटेड। कमलकिशोर उसका मैनेजिंग डायरेक्टर है। छोटे भाई रमेश चन्द्र को उसने अपने पार्टनर की एक दूसरी कम्पनी में सी.ई.ओ की नौकरी दिला रखी है। वहाँ रमेश चन्द्र का ओहदा सी.ई.ओ. का है पर बतौर ओहदे वह वहाँ कुछ ख़ास करता नहीं है। उसे वक़्त ही कहाँ है।

वक़्त अगर है तो केवल राजनीति के लिए। उसी की जोड़ तोड़ में वह आकण्ठ डूबा रहता है। ओहदा तो एक बहाना भर है, मोटा वेतन देने और पाने का ताकि समाजसेवा जारी रहे और व्यापार भी धड़ल्ले से चलता रहे। जय--जयकार होती रहे। जय–जयकार ज्यों–ज्यों बढ़ेगी, रमेश चन्द्र का राजनीतिक क़द भी त्यों–त्यों उतना बढ़ता जायेगा।

क्या अजय और अभय भी, अपने पिता के नक्शेक़दम पर–राजनीति में शामिल होंगे। कम–से–कम आज तो ऐसा नहीं लगता। आज तो दोनों के रंग–ढंग ऐसे नहीं लगते कि वे राजनीति में खप सकेंगे। हाँ, कल को पासा पलट जाये तो कौन क्या कह सकता है। इन्सान को बदलते क्या देर लगती है।

दिनों–दिन घनी होती जा रही अपनी बोरियत को भूलने के लिए मैं यूँ ही आँखें मूँदे, चित लेटा था, तुम्हारी यादों में खोया हुआ। अचानक आवाज़ सुनी दद्दू, तो तपाक से आँखें खोलीं और उठ बैठने की कोशिश करने लगा। कमर और पीठ की बूढ़ी हड्डियों में टीस दौड़ गयी। झटके से उठने–बैठने की मुझे सख़्त मनाही थी। हौले से ही उठना–बैठना चाहिए मुझे–लेकिन अक्सर याद नहीं रहता।

अजय अकेला नहीं था। अभय भी आया था उसके साथ। 'अजय और अभय'। आओ–आओ बैठो। कैसे हो? अरे–अरे, उधर सोफ़े पर क्यों बैठते हो? यहाँ बैठो, इधर, पलँग पर, मेरे नज़दीक।

दोनों भाइयों ने मेरी बात जैसे सुनी ही नहीं–क्या जान बूझकर नहीं सुनी? या वे किसी गहरी उलझन में थे– मेरी गुहार वे समझ ही नहीं पाये। मेरे रोकने के बावजूद वे सोफ़े पर बैठ चुके थे। मेरे और उनके बीच छह एक फ़ीट का फ़ासला था। दोनों कुछ इस तरह सट कर बैठे थे मानो आपस में तसल्ली पाना चाहते हों।

तसल्ली? भला इन्हें तसल्ली की ज़रूरत क्यों आन पड़ी।

सिरहाने टटोल कर मैंने अपना चश्मा उठा लिया। झट से पहन कर मैंने दोनों की ओर देखा। दोनों की ख़ामोश नज़रें मुझ पर ही टिकी थीं।

''कोई, ख़ास बात है?'' मैंने ही पूछा।

''जी, दद्दू। आप से एक मदद चाहिए थी''–अजय ने हिचकिचाते हुए कहा, मैं मुस्करा पड़ा, ''ख़ूब कहा? मैं कमज़ोर बूढ़ा, तुम नौजवानों की क्या मदद कर सकता हूँ।

"आप कमज़ोर नहीं हैं, दद्दू" अजय ने उसी पल विरोध करते हुए कहा, "आप इस घर के बड़े हैं और बड़ों के महत्त्व को आँका नहीं जा सकता।"

''अच्छा'', मैंने आश्चर्य से कहा, "मुझे ख़ुशी है, तुम ऐसा सोचते हो।"

"क्या बात करते हैं दद्दू, बड़ों की सलाह में उनके अनुभव, ज़िन्दगी के अनुभव छिपे होते हैं। उनकी सलाह में बड़ी ताक़त होती है।"

"अच्छा तो तुम मुझसे सलाह लेने आये हो।" मैंने आश्चर्य से कहा।

''हाँ दद्दू, पर सलाह नहीं आपकी मदद चाहिए।"

''मदद, अभय ने बीच में बोलते हुए कहा।

"अच्छा–अच्छा–सलाह या मदद–अब कुछ बोलो भी, क्या बात है?" मैंने ज़रा आशंकित होते हुए कहा।

अभय ने झट से उठकर कमरे का दरवाज़ा बन्द किया। फिर सिटकिनी चढ़ा दी। अजय जैसे का तैसे चुप बैठा रहा। किन्तु उसके चेहरे से साफ़ झलक रहा था कि वह भाई की बात से पूरी तरह सहमत है।

सिटकिनी चढ़ा कर अभय लौटा और मेरे पास आ बैठा, पलँग के किनारे। पैर सिकोड़ कर मैंने उसके लिए जगह बनायी। मगर वह उसी तरह किनारे बैठा रहा। उसकी नज़रें झुक गयी थीं जैसे वह जो कहने आया था–उसे कहने में उसे संकोच हो रहा हो। मैं इन्तज़ार करता रहा उसकी बात सुनने के लिए–मेरी नज़रें उसके मुख पर गड़ी थीं। उसे भी पता था कि मैं उसी को देख रहा हूँ और इन्तज़ार कर रहा हूँ उसकी बात जानने के लिए। उसकी नज़रें भाई के मुख पर थीं–जैसे कह रहा हो आप बड़े भाई हैं। आप ही बोलिए।

भाई अजय ने उसका संकेत समझ, अपनी बात शुरू की।

"ऐसा है दद्दू–अनुष्का दीदी आपके पास इजाज़त लेने आयेंगी न शायद। कुछ बताने के लिए। आप समझाइयेगा वह जो कुछ करने जा रही हैं.... वह ठीक नहीं है।"

मेरी लाड़ली अनुष्का?

"हाँ दद्दू, वह आपकी लाड़ली हैं। आपको बहुत मानती हैं। इसीलिए अगर आप रोकेंगे तो वे ज़रूर रुक जायेंगी वरना–भैया, भाभी की तो उन्होंने बिल्कुल नहीं सुनी है कभी भी।

भैया यानी कमलकिशोर। भाभी यानी उसकी पत्नी इला।

छोटे बेटे रमेश चन्द्र ने हमेशा बड़े भाई कमलकिशोर को भैया कह कर पुकारा है और इला को भाभी इसीलिए कमलकिशोर और इला की बेटी अनुष्का भी उन्हें भैया–भाभी ही कहती है। अजय अभय की ज़बान पर भी यही सम्बोधन जम गया है। भैया–भाभी; जिनके पास अपनी इकलौती बेटी के लिए समय ही नहीं है। संस्कार वे क्या देंगे।

उनका तर्क यही है, "अनुष्का कोई छोटी बच्ची तो है नहीं जो हम उसे क़दम–क़दम पर गाइड करें। अरे पूरी तरह मेच्योर है वह अगले साल अपनी पढ़ाई भी पूरी कर लेगी। एक वकील बन जायेगी।

यक़ीनन वह अपने फ़ैसले अपने आप कर सकती है। फ़ैसले! माय फुट! बहुत पहले मेरी बेटी तारा ने भी एक फ़ैसला अपने आप लिया था। और उस फ़ैसले ने उसकी माँ की जान ही दाँव पर लगा दी थी। अरे, सन्तान कितनी ही मेच्योरिटी का दावा करे। माता–पिता के सामने उनके फ़ैसलों की बिसात ही क्या? माता–पिता की बात तो उन्हें माननी ही चाहिए। आख़िर पैरेंट्स होते किसलिए हैं। अगर उनके अनुभवों का फ़ायदा....।

दिमाग़ में अचानक घन चलने शुरू हो गये। ख़बरदार बूढ़े। अपने अनुभवों की भाती तू अपने पास ही रख। अजय और अभय तेरा प्रवचन सुनने नहीं आये हैं। ये आये हैं तेरी शरण में क्योंकि ये किसी दुविधा में हैं। इन्हें तेरी सलाह चाहिए। सलाह मिली कि नहीं, ये चलते बनेंगे। माना ये तेरी इ़ज़्ज़त करते हैं लेकिन यह इ़ज़्ज़त क्षणिक है। दिल से इ़ज़्ज़त होती तो ये तेरे पास आकर बैठते। तेरे पैर छूकर बात करते। पर ये तो तेरे नजदीक भी नहीं बैठे। दूर ही दूर रहे। यह दीगर बात है कि मेरे पलँग के कोने पर बैठे ज़रूर हैं पर मन से अभी भी दूर हैं, नहीं तो क्या इनके बात करने का यह औपचारिक ढंग होता।

नहीं दूँगा–मैं अपनी सलाह। क्यों दूँ सलाह। दिखा दूँगा उन्हें अपना ठेंगा।

नहीं मंगला–मैंने उन्हें ठेंगा नहीं दिखाया। हमारे अपने पोते हैं। फिर वे अपने स्वयं के लिए तो कुछ माँग नहीं रहे हैं। वे अपनी बहन अनुष्का के लिए माँग रहे हैं। उसी का नाम लिया है इन्होंने। शायद कोई ग़लत फ़ैसला लिए बैठी है अनुष्का। ये उसके भाई हैं। उसे ग़लत फ़ैसला लेने से रोकना चाहते हैं। और मैं भी कहाँ चाहता हूँ

कि मेरी पोती कोई ग़लत फ़ैसला ले–एक बार दिल ने, दिमाग़ ने निर्णय ले लिया तो मैंने उन्हें उकसाया।

देखो अजय और अभय। मेरे पास आये हो तो आधी–अधूरी बात मत बोलो। खुल कर बताओ क्या बात है?

बात यह है दद्दू–दीदी यूरोप के टूर पर निकलना चाहती हैं। उनके कॉलेज का एक ग्रुप टूर पर जा रहा है। छह लड़कियाँ हैं और चार लड़के। सब साथ पढ़ते हैं। साथ जा रहे हैं। तीन हफ़्तों का टूर है।

तो–मैंने कहा, ''दद्दू आप दीदी को रोकिए। उनका यों अकेले जाना किसी भी सूरत में ठीक नहीं है।''

अभय बोला, "इसमें रिस्क है।"

रिस्क?

"मुझे यह आइडिया नहीं जमता कि लड़के–लड़कियाँ अपना ग्रुप बना कर विदेश की सैर को निकलें। यह कोई कल्चरल टूर नहीं है कि यूरोपीय स्टूडेंट्स इधर आ रहे हों और हमारे स्टूडेंट्स उधर जा रहे हों। यह प्राइवेट टूर है। सब अपना–अपना ख़र्चा स्वयं उठा रहे हैं।''

अभय का वाक्य पूरा भी हुआ नहीं था कि अजय ने बीच में ही बोलना शुरू कर दिया, "दीदी को यूरोप ही जाना है तो मम्मी--पापा को तैयार करें। उनके साथ जायें। यूँ कॉलेज के लड़कों के साथ जाने का मतलब–सिर्फ़ लड़कियाँ जा रही होतीं, तो भी एक बात थी। यहाँ तो लड़कों के साथ लड़कियाँ भी हैं।

मैंने सावधान स्वर में पूछा, ''तो क्या साथ में कोई गार्जियन या पैरेंट्स.... ।''

"कोई नहीं। सिर्फ़ लड़के–लड़कियाँ।''

"क्या किसी के माँ–बाप को कोई एतराज़ नहीं।"

"हो भी तो सुनता कौन है। सब अमीर माँ--बाप के बच्चे हैं। किसी को भी कोई परवाह नहीं है। माँ–बाप को तो वे कॉकरोच से ज़्यादा अहमियत देते नहीं।"

मैंने कहा, "नहीं–नहीं–हमारी अनुष्का बिटिया ऐसी नहीं।"

"उन्होंने भी कहाँ सुनी किसी की। क्या भैया की सुनी। भाभी की सुनी।"

"रागनी आंटी को पता चला तो आकर उन्होंने भी समझाया। दीदी नहीं मानी। उन्हें तो जाना ही है। रहे हम दोनों भाई, हम क्या समझाते?"

"वे हम से बड़ी हैं। फिर भी हमने इतना तो बता ही दिया कि हमें अच्छा नहीं लग रहा यह सब।"

"मैंने अजय और अभय दोनों की तरफ़ देखते हुए कहा–"आख़िर जब सब लोग, तुम्हारे माँ–बाप कुछ नहीं कर पाये तो मैं क्या कर पाऊँगा और फिर तुम्हें इतना बुरा क्यों लग रहा है। तुम भी तो इसी ज़माने के हो।"

अजय व्याकुल हो गया, "यह बात नहीं है दद्दू। सोचिए। यूरोप का क्या माहौल है। वहाँ पहुँचकर तो किसी का भी मूड बदल सकता है। अपना इंडियन कल्चर दीदी को याद रहेगा भी। उस माहौल में अगर कोई नादानी कर बैठीं.... या उन्हें किसी ने बहला–फुसला लिया.... या वे किसी झंझट में फँस गयीं तो?"

सुनकर मेरा पूरा बदन जम सा गया। मैं केवल इतना भर कह सका–''अच्छा, समझाने की कोशिश करके देखता हूँ।''

चार

इस ग़लत–फहमी में मत रहना, मंगला कि सिर्फ़ तुम्हीं ऊँचे आसमान में उड़ रही हो। मैं भी किसी मामूली ऊँचाई पर नहीं। मैं हूँ 17 वें माले पर। यह वह बुलन्दी है कि जहाँ से ज़मीन पर की हर चीज़ खिलौने जैसी नज़र आती हैं। मेरे सर पर तीन माले और हैं यानी यह रेज़िडेंशियल टावर कुल 20 तल्लों का है। मुस्करा, मंगला मुस्करा। क्योंकि यह टावर तेरे बड़े बेटे की कम्पनी के.के. बिल्डर्स का है। के.के. बिल्डर्स प्रा. लि. ने तैयार किया है इसे। नाम है इसका कमल हाइट्स। कई बार मैं मन–ही–मन मुस्कराता हूँ, यह सोचकर कि क्यों न इस टावर का नाम कमल करतूत रख दिया जाये।

करतूत इसलिए कि जिस मज़बूती के बिना इतना ऊँचा टावर खड़ा ही नहीं हो सकता था–उससे ज़्यादा मज़बूती इसमें है ही नहीं–इसकी रचना भूकम्परोधी रखी गयी है–ऐसा बताते हैं। लेकिन आजकल तो छोटी–छोटी इमारतें भी भूकम्परोधी बन रही हैं। यह तो फिर भी एक टावर है। बेशक, आसपास, दूर तक, इतना ऊँचा टावर दूसरा कोई नहीं, मगर इसके 20 मालों को अजूबा थोड़े ही कहा जायेगा। क्या मुम्बई में ऐसे टावर्स कोने–कोने में नहीं।

कमलकिशोर ने 'कमल हाइट्स' के फ़्लैट्स की जो क़ीमत वसूल की, वो ख़ासी ऊँची थी। सवाल है–इसमें बिल्डर्स का क्या दोष? लोग जब ऊँचा दाम देने को तैयार थे तो बिल्डर को क्या पागल कुत्ते ने काटा था, जो वह मुँह माँगी क़ीमत वसूल न करता।

आख़िर पूछा जाना चाहिए कि लोग तैयार क्यों थे–इतनी महँगी क़ीमत देने के लिए।

इसका भी एक कारण था। कमलकिशोर ने एक मास्टर स्ट्रोक फेंका था। जिसने लोगों पर जादू कर दिया। मास्टर स्ट्रोक–हाँ उसने इस बात की बहुत डोंडी पीटी थी कि ख़ुद उसने भी अपने सपनों का महल इसी टावर में रिज़र्व कर रखा है। और कि वह अपनी सारी ज़िन्दगी अपने परिवार के साथ यहीं गुज़ारेगा।

टावर बनना शुरू हुआ था तब कमलकिशोर 40 बरस का था। आज 45 का है। इन दिनों जब 50 की उम्र भी यंग मानी जा रही है, तब 40 बरस का कमलकिशोर तो भरी जवानी में था जब उसने काम शुरू किया था। बस फिर क्या था 'कमल हाइट्स' की शोहरत का डंका बज गया।

कमल हाइट्स के हर माले पर चार डीलक्स फ़्लैट्स हैं। 17वाँ माला पूरा का पूरा केवल अपने परिवार के लिए आरक्षित है। यहाँ के चारों फ़्लैट्स आपस में मिलाकर दो जोड़े तैयार किये गये हैं।

हर भाई के पास एक–एक ट्विन फ़्लैट। ये ट्विन फ़्लैट्स भी अन्दर से जुड़े हुए हैं।

किचन दो हैं। मतलब यह नहीं कि भाइयों के चूल्हे अलग हैं। परिवार जब इकट्ठे रहता है तब चूल्हे कैसे अलग हो सकते हैं। हाँ, अगर भविष्य में दोनों भाई अलग हों तो उसका प्रोविजन है। फ़िलहाल रसोई हमेशा एक ही किचन में तैयार की जाती है सभी के लिए। दूसरा किचन स्टोर रूम बना हुआ है फ़िलहाल। एक रसोइया है। दो घरेलू नौकर भी हैं। इला और चाँदनी, दोनों बहुएँ, सगी बहनों की तरह मिल–जुलकर रह रही हैं। ऐसा एका, आजकल देखने को मिलता ही कहाँ है।

दोनों नौकर और एक रसोइया, इसी फ्लोर पर, किनारे, सर्वेंट क्वार्टर में रहते हैं। इनके अलावा चार छोटे कमरे और हैं। चारों अपने आपमें पूर्ण तीन कमरे अनुष्का, अजय और अभय के लिए हैं, जहाँ वे स्टडी करते हैं, पढ़ते हैं–सोते हैं। चौथा कमरा मेरे पास है।

मेरे कमरे की एक ख़ास ख़ूबी है। इसमें दो दरवाज़े हैं। एक अन्दर की तरफ़ खुलता है जो कि कभी–कभी खुलता है। दूसरा खुलता है कॉमन गैलरी में, लिफ्ट के ऐन सामने। यूँ मेरा कमरा बेहद स्वतन्त्र है। मैं जब चाहूँ, बाहर ही बाहर से आ–जा सकता हूँ। बिल्डिंग के बच्चे जो बिना झिझक मेरे पास चले आते हैं, उसकी एक वजह यह तो है ही कि उन्हें यहाँ मेरा भरपूर प्यार मिलता है–दूसरी वजह यह है कि वे लिफ्ट से निकल कर मेरे कमरे में सीधे दाख़िल हो सकते हैं। कोई रोक–टोक उन्हें यहाँ नहीं है।

लेकिन अचानक, बिल्कुल अचानक उस झिलमिल की घटना के बाद से बच्चों की खिलखिलाहटें मेरे आसपास से ग़ायब हो गयी हैं। सब मिसेज़ सहगल की कृपा है। नन्ही झिलमिल अब आती ही नहीं मेरे कमरे में। दूसरे बच्चे आते हैं पर पहले से बहुत कम। आयेंगे भी तो मुस्कुराएँगे नहीं। संजीदा बने रहेंगे। दूसरे भी तमाम बच्चे, जो इसी टावर के हैं या आसपास की बिल्डिंग के भी हैं, मुझे देख कर एक हिचक सी महसूस करते हैं। मेरी छटपटाहट का–मेरी व्याकुलता का ओर–छोर नहीं है। जाने क्या–क्या भर दिया गया है इन बच्चों के दिलो दिमाग़ में–मेरे ख़िलाफ़। बैठे–बिठाये–यह क्या हो गया।

'दद्दू'

सुनते ही मैं एकदम खिल गया–अनुष्का!

आ पहुँची मेरी अनुष्का। भूल ही गया मैं कि उसको लेकर अजय और अभय मुझे क्या बताकर गये हैं।

"आ! जा! गुड़िया।" मैंने दोनों बाँहें फैला दीं।

अनुष्का हँस पड़ी, "आपका बस चले तो आज भी आप मुझे गोदी में उठा लें।"

"बिल्कुल।"

"अच्छा दद्दू यह बताइए मैं आपके लिए क्या लेकर आयी हूँ।'' उसने एक हाथ अपनी पीठ की ओर मोड़ कर रखा था–जाने क्या छिपा रही थी।

इस कान से उस कान खिली अपनी मुस्कान को मैं रोक न सका।

"मुझे क्या पता क्या लायी हो, लेकिन क्यों लायी हो?" मैंने पूछा।

"व्हाट यू मीन? क्यूँ लायी हूँ। अरे! आप मेरे दद्दू हैं। आपके लिए क्या मैं कुछ ला नहीं सकती हूँ।'' अनुष्का ठुमकते हुए बोली।

"अरे! आप मेरे दद्दू हैं। आपके लिए तो मैं बहुत कुछ ला सकती हूँ।''

"क्या तुम वो ला सकती हो जिसकी मुझे सख़्त ज़रूरत है।"

"क्या दद्दू?"

"इज़्ज़त।''

अनुष्का हँसने लगी–"डोंट टेल मी। आपको इज़्ज़त की क्या कमी है?"

"इज़्ज़त के कई रूप होते हैं बेटी! मसलन...कोई अगर मेरी सलाह न माने तो....तो मैं यही कहूँगा कि उसने मेरी इज़्ज़त नहीं की।"

"कौन नहीं मानता आपकी सलाह?"

"कौन मानेगा? जब कोई मुझसे सलाह माँगता नहीं है तो लेने का तो सवाल ही नहीं उठता।''

"अच्छा, अच्छा अब मज़ाक़ छोड़िए और जल्दी से बताइए मैं आपके लिए क्या लायी हूँ। आपके लिए ख़ास।"

"क्या लायी हो, यह तो पता नहीं पर क्यों लायी हो यह ज़रूर पता है।"

अनुष्का यह सुनने के लिए बिल्कुल तैयार नहीं थी। उसकी मुस्कान का फ्यूज़ उड़ गया। दो पल के लिए वह सन्न खड़ी रह गयी। तीसरे पल उसके चेहरे पर ऐसी तमतमाहट उतर आयी जिसके लिए मैं भी तैयार नहीं था।

"दद्दू! क्या किसी ने आपसे....मेरे बारे में कुछ कहा है?"

"हाँ, भी और नहीं भी! हाँ, इसलिए कि मुझे कुछ भनक तो लगी है, और नहीं इसलिए कि किसने क्या कहा है, यह मैं तुमको बताऊँगा नहीं। ठीक है न–पर तू क्या लायी है मेरे लिए। देखूँ–" कहकर मैंने हाथ आगे बढ़ा दिया।

पीठ की ओर मुड़ा अपना हाथ सामने लाते हुए उसने कहा, "यह है।"

मैंने देखा उसके हाथ में स्टेनलेस स्टील का छोटा गोल एक डिब्बा था।

"क्या है?" बुदबुदा कर मैंने डिब्बा ले लिया। खोला तो मूँगफली के दाने थे।

"अरे! मूँगफली?" मैं आश्चर्य से देखता रह गया।

"हाँ, दद्दू खास आपके लिए लायी हूँ।" कहते हुए वह साधिकार मेरे पलँग पर बैठ गयी। हाथ बढ़ाकर उसने मेरे दायें और बायें दोनों घुटनों को छुआ और बोली।

"आपको घुटनों की तकलीफ़ है न? मेरी एक डायटीशियन सहेली है। उसने सलाह दी है कि आप मूँगफली के दाने खाया करें रोज़।"

"अच्छा।"

"हाँ दद्दू। मूँगफली की एक ख़ास तासीर होती है कि उसकी चिकनाई घुटनों में सीधे पहुँच कर उन्हें लुब्रिकेट कर देती है। इससे जोड़ कम घिसते हैं और दर्द भी कम हो जाता है।"

"और अगर ऐसा न हुआ तो।"

"तो भी आप मूँगफली तो खा ही सकते हो। ज़्यादा नहीं बस दस–दस दाने दिन में तीन बार।"

"अरे वाह। यह तो वंडरफुल दवा है। अच्छा और कुछ?"

"हाँ दद्दू एक खुशख़बरी भी है।"

"बोल।"

"आप तो जानते ही हैं दद्दू कि दो साल पहले मैं और भैया–भाभी यू.एस. गये थे। उधर से ही यूरोप को जाने वाले थे मगर बीच से लौट आये थे। भैया को इंडिया में कोई अर्जेंट काम आ पड़ा था।"

"हाँ तो।"

"यूरोप की सैर का मेरा वह सपना अधूरा ही रह गया।''

"कोई बात नहीं, सारे सपने थोड़े ही पूरे हो सकते हैं किसी के।"

"इसीलिए तो आपका आशीर्वाद लेने आयी हूँ।"

"कांग्रेचुलेशंस" मैंने मुस्कराते हुए कहा, "किसी का अधूरा सपना पूरा हो जाये, यह बधाई की बात तो है ही। कमलकिशोर ने, लेकिन बताया नहीं, कब बन गया प्रोग्राम?"

"वो दरअसल... ।"

"तो तुम तीनों जा रहे हो? भैया, भाभी और तुम,'' मैंने पूछा?

"नहीं... वो... ।"

"अनुष्का!" मैंने एकाएक कठोरता से कहा, "सीधी बात क्यों नहीं कहती हो। तुम और तुम्हारे कुछ दोस्त जा रहे हैं। कॉलेज के कुछ लड़के भी जा रहे हैं।''

''सिर्फ़ लड़के नहीं–लड़कियाँ भी हैं दद्दू।"

"लड़कियाँ ठीक पर ये लड़के?''

"देखिए दद्दू, ''अकेली लड़कियाँ होतीं तो आप कहते कि अकेली लड़कियाँ सेफ नहीं रहेंगी। साथ में लड़के होंगे तो सेफ्टी रहेगी। इसी दृष्टि से हमने उनके साथ प्रोग्राम बनाया है। फिर भी एतराज़। सिर्फ़ आपको नहीं सबको है। उफ़! जैसे कि लड़के हमें या हम लड़कों को खा जायेंगे।'' भड़कते हुए अनुष्का बोली।

''यह है तुम्हारी भाषा।''

''आप लोग ही एकदम से अपसेट कर देते हैं।''

"मत भूलो अनुष्का तुम्हारे पैरेंट्स ने तुम्हें पूरी आज़ादी दे रखी है। वे ही अगर तुम्हें इजाज़त नहीं दे रहे हैं तो...।''

"किसने कहा, वह इजाज़त नहीं दे रहे। वे दे चुके हैं इजाज़त।''

"राज़ी ख़ुशी से? या ज़बरदस्ती?''

"ज़बरदस्ती कैसी? मैंने उन्हें कोई गन तो दिखाई नहीं।''

"गन तो तुमने मुझे भी नहीं दिखाई।''

"दद्दू! ये आप आज कैसी बात कर रहे हैं?"

"आय एम सॉरी, मैंने जो कहा, तुम्हें अपनी समझ कर ही। हाँ मुझे गुस्सा यह आया कि जब सब कुछ फाइनल हो गया है तो फिर कैसी इजाज़त और कैसा आशीर्वाद?"

"बस दद्दू...प्लीज़।"

"ठीक है...ठीक है... वैसे भी तुम मेरे बेटे की बेटी हो। तुम्हें सँभालने की बेसिक ज़िम्मेदारी मेरी नहीं, मेरे बेटे की है। अगर वो तुम्हें सँभाल नहीं रहा, या चाह कर भी नहीं सँभाल पा रहा है तो मैं तो सिर्फ़ दूर से ही देख सकता हूँ।''

"नहीं–दद्दू, ऐसा नहीं है। मैं जानती हूँ। आप मुझे कितना चाहते हैं।"

"हाँ अनुष्का, इसीलिए। देखो मैं तुम्हारा दादा हूँ। तुम्हें बहुत लाड़, दुलार करता हूँ। इसीलिए अभी अचानक गरम हुआ था। क्योंकि मैं पुरानी पीढ़ी का हूँ–और हूँ तुम्हारे लिए ओवर प्रोटेक्टिव। यह बात अलग है कि तुम्हें अनुशासन सिखाया, दुनिया के रंग, ढंग से परिचित कराया–उसके तौर–तरीके सिखाना, मेरा काम नहीं है। यह काम तुम्हारे माँ–बाप का है। हाँ, इसमें वे मेरी सलाह ले सकते हैं। वे सलाह माँगेंगे तो मैं ज़रूर दूँगा। नहीं माँगेंगे तो नहीं दूँगा। बेमतलब टांग नहीं अड़ाऊँगा उनके और तुम्हारे बीच में।'' सिर्फ़ इतना कहूँगा। अगर तुम्हारे मम्मी, पापा राज़ी हैं या मजबूरी में राज़ी हो गये हैं, तो तुम जो सही समझो, कर सकती हो।''

"अरे दद्दू। आप तो मुझे भी नर्वस कर देंगे।"

अनुष्का की मुस्कान रूखी थी, "लेकिन नहीं, मेरा कॉन्फिडेंस लेवल बहुत ऊँचा है। आज तक मैं कभी लगातार दो मिनट तक नर्वस नहीं हुई हूँ तीसरे मिनट में फिर मैं वही बिन्दास लड़की हो गयी हूँ। और फिर दद्दू'' अनुष्का ने ठुमकते हुए कहा, "क्या दद्दू आप अपनी ही बताई बातें भूल जाते हैं।''

"कहना क्या चाहती हो?" मैंने पूछा आश्चर्य से।

"याद करिए, जब मैं जूनियर कॉलेज में पहुँची थी और तैरना नहीं जानती थी, तब आपने ही मुझसे कहा था कि हर लड़की को तैरना ज़रूर आना चाहिए और उसे कराटे की चैम्पियन भी होना चाहिए। आपकी वह बात मन में गहरे तक जा बसी थी। आज मैं लॉ–कॉलेज की सबसे अच्छी तैराक हूँ और कराटे की ब्लैक बेल्ट चैम्पियन भी। सब मेरे कॉन्फिडेंस का लोहा मानते हैं। मेरे ये हाथ सिर्फ़ देखने भर के नाजुक हैं। दद्दू, ये एक झटके में किसी का भी जबड़ा तोड़ सकते हैं।"

"लेकिन अगर सामने वाला भी कराटे का चैम्पियन हुआ।"

"तब तो...साथ में मेरा भी जबड़ा टूटेगा बस। और कुछ नहीं होगा।'' अनुष्का ने हँसते हुए कहा।

"याद रखो अनुष्का" मैं करारे स्वर में बोला, "एक क़ायदा ऐसा है, जो कभी नहीं बदलेगा, दुनिया चाहे इधर से उधर हो जाये। वह यह है कि औरत औरत है और मर्द मर्द है। दोनों चाहे कितनी ही बराबरी पर आ जायें, रहेंगे अलग–अलग। औरत मर्द बनने की कोशिश न करे और मर्द भी औरत बनने की न सोचे। लेकिन आज हो क्या रहा है, मॉडर्निटी के नाम पर। औरत अपनी कोमलता और अपने सहज गुण खोती जा रही है और मर्द जनाना बनता जा रहा है। और यही कारण है कि समाज का, गृहस्थी का सन्तुलन बिगड़ रहा है।"

"सॉरी, दद्दू। अगर आपको लगता है कि मैं मर्दाना हुई जा रही हूँ, तो ऐसा आप ही की प्रेरणा से हुआ है। क्या आपने हमेशा मुझे यह नहीं समझाया, सिखाया कि लड़के–लड़की में कोई फ़र्क़ नहीं होता। आज आप अचानक पलट रहे हैं कि होता है फ़र्क़। दोनों बातें साथ–साथ मैं कैसे मान लूँ। मैं तो पहली बात को ही मानूँगी कि जैसे लड़के वैसी लड़कियाँ। हम कुल दस जने हैं जो यूरोप के लिए निकल रहे हैं। हमारे बीच लड़कियाँ कितनी हैं और लड़के कितने इससे क्या फ़र्क़ पड़ता है?''

"यह कुतर्क है, अनुष्का।"

"नहीं, दद्दू। यह केवल तर्क है। आपको कुतर्क इसलिए लगता है क्योंकि आपके पास इसका कोई जवाब नहीं है।"

"हो भी, तो अभी तुम उसे समझोगी नहीं। और करोगी वही जो तुम्हें ठीक लगता है।"

"उफ़।'' अनुष्का उठ खड़ी हुई, "दिस इज़ यंडलेस।''

''दद्दू प्लीज़,'' मैंने भी उठते हुए कहा, "एक वकील के रूप में तुम्हारा भविष्य कितना सुन्दर है, इसका अन्दाज़ मैं अभी से लगा सकता हूँ।"

"थैंक्स दद्दू। फॉर दी कॉम्प्लीमेंट। यूरोप तो मुझे जाना ही है और जाना भी उन्हीं के साथ है, जिनके साथ जा रही हूँ। तो ऐसा मान कर चलूँ कि आपकी इजाज़त है।"

"नहीं। मैंने कब दी इजाज़त। हाँ मेरा आशीर्वाद हमेशा तुम्हारे साथ है।"

"तो दद्दू, बहुत पोलाइटली–मैं एक बात कहना चाहूँगी। अगर कभी मैंने कोई ग़लत काम करना ही चाहा, तो उसके लिए मुझे यूरोप जाने की ज़रूरत न पड़ेगी। इंडिया में ही, मैं जो चाहूँगी कर लूँगी। मैं बड़ी हो चुकी हूँ दद्दू। मेरी ज़िन्दगी मुझी को जीनी है, न कि किसी और को।" कहकर अनुष्का फुर्ती से बाहर निकल गयी।

मैंने ठण्डी साँस लेते हुए स्वयं बुदबुदाया–"यह तुम आज नहीं समझोगी, अनुष्का कोई भी काम ग़लत सोचकर नहीं किया जाता है, बस हो जाता है।''

पाँच

अनुष्का यूरोप के लिए रवाना हुई, उससे पहले एक छोटी–सी घटना घटी। उसका सीधा सम्बन्ध था झिलमिल काण्ड के साथ। उस घटना ने मेरी शक्ल ही बदल दी।

सुबह 'मॉर्निंग वाक' पर जाने से पहले मेरे छोटे बेटे रमेश ने मेरे कमरे में पैर रखा। मैं अचकचा गया क्योंकि ऐसा कभी–कभार होता है जब रमेश मेरे कमरे में आया हो। मैं उसकी ओर देख कर मुस्कराने को था किन्तु उसकी गम्भीर मुख मुद्रा देखकर मैं ऐसा नहीं कर सका।

हालचाल पूछने की औपचारिकता के बाद उसने शुरू किया, "डैड। आपको खाने–पीने में इतनी तकलीफ़ है तो आप नकली दाँत क्यों नहीं लगवा लेते। आसानी हो जायेगी।"

70 की उम्र में भी तीन दाढ़ें और चार दाँत मेरा साथ निभा रहे हैं। भले ही सब के सब कमज़ोर हैं। बुरी तरह कमज़ोर। पर मुझे इनसे प्यार है। ये मेरे अपने हैं। मुँह में ज़बरन नकली दाँत लगवा लिए जायें, इस आइडिया को सोच कर ही मुझे कोफ्त होती थी।

किन्तु अब छुटकारा नहीं है। रमेश पहले भी कई बार आग्रह कर चुका है। इस बार उसकी बात माननी ही पड़ेगी। क्योंकि इस बार उसके मुख की गम्भीरता को देखते हुए लगता है कि वह बिना हाँ कराये टलनेवाला नहीं है। पर इतने आग्रह का कारण क्या यही है। क्या इसके पीछे झिलमिल वाला काण्ड तो नहीं है।

सही तो है, यह बूढ़े हिलते हुए दाँत ही नहीं रहेंगे तो झिलमिल जैसी कोई बच्ची आकर उनसे खेलेगी कैसे?

चलो अच्छा हुआ। धन्यवाद झिलमिल, धन्यवाद मिसेज़ सहगल। जो फ़ैसला कभी–न–कभी होना ही था, वो आज हो जायेगा। यही सब सोचकर मैंने रमेश से कहा, "हाँ, रमेश, अब मैं भी तंग आ गया हूँ। दाँत लगवा ही लूँगा।''

"मुझे भी अन्दाज़ था, इस बार आप इनकार नहीं करेंगे इसीलिए डेंटिस्ट से अपॉइंटमेंट ले रखा है। शाम 6 बजे वह आपका इन्तज़ार करेगा। पहुँच जाइयेगा समय से। मैं गाड़ी भिजवा दूँगा।'' रमेश ने जाते–जाते कहा।

"हाँ, गोलू को अपने साथ लेते जाइयेगा।"

"उसकी ज़रूरत नहीं है। अकेले चला जाऊँगा।" मैंने कहा।

"अकेले जायेंगे–आपको घुटनों की प्रॉब्लम है। कहीं गिर गिरा पड़े तो एक मुसीबत और।"

मैंने फिर भी कहा, "ऐसी बात नहीं है। सुबह लाफ्टर क्लब में अकेले ही जाता हूँ पैदल। शाम को भी अकेला ही बाहर घूमने जाता हूँ। डॉक्टर के पास भी अकेले चला जाऊँगा और फिर गाड़ी में जाना है। गोलू का क्या काम?" मुझे अकेले ही अच्छा लगता है।

"लेकिन क्यों जायें अकेले? डेंटिस्ट क्या सोचेगा। एक ऐसे बुजुर्ग को अकेले भेज दिया। कह दिया–एक बार। गोलू को साथ ज़रूर ले जाइयेगा।"

गोलू–यानी हमारा पुराना नौकर।

मन में सोचा कि डेंटिस्ट की कितनी परवाह है। वह क्या सोचेगा। सोचा कि एक बार कह दूँ– "अजय और अभय में से भी कोई तो साथ आ सकता था या फिर बहू ही साथ चली आती।'' मैं कहते–कहते रुक गया।

मेरे ही सोच में खोट है। मैं ही ज़्यादा उम्मीद बाँध बैठता हूँ सबके साथ। मुँह से आख़री दाँतों को निकालने की प्रक्रिया शुरू हो रही है।

मेरे लिए यह एक इमोशनल घटना हो सकती है। ऐसे मौके़ पर मेरे साथ किसे रहना चाहिए? घर के ही किसी व्यक्ति को या सिर्फ़ एक नौकर को।

मेरी नज़र झुक गयी।

"ओके रमेश। मैं गोलू को साथ ले जाऊँगा।"

तो मंगला। अब....

न केवल मेरे दाँत निकल चुके हैं। नकली दाँत भी मुँह में लग गये हैं। शीशे में अपना चेहरा देखता हूँ तो अपना चेहरा ही पराया लगता है। शक्ल ही बदल गयी है। देखो न ! ठुड्डी ज़रा नीचे सरक गयी है। दोनों गाल भी हलके से भरे–भरे लगने लगे हैं। भई गाल तो भरे–भरे लगेंगे ही सही। मुँह में इतना नया माल जो भरा है।

मुस्करा कर फिर शीशे में देखा। वाह ! कैसे चकाचक दाँत हैं। होठों के बीच–चमकते हुए। डर रहा हूँ कहीं छींकने से निकल न पड़ें। वह कहावत कहीं सच्ची न हो जाये कि हाथी के दाँत खाने के और, दिखाने के और, लेकिन अब तो दाँत मेरे अपने हैं। खाने के भी और दिखाने के भी। नकली हों या असली–अब इन्हें स्वीकारना ही होगा।

मुँह के अन्दर इनका वज़न भारी महसूस होता है। मसूड़ों में खाज भी चलती है। कोई बात नहीं। थोड़े दिनों में आदत पड़ जायेगी।

लाफ्टर क्लब के मेम्बर रोज़ इकट्ठे होते हैं। प्रियदर्शिनी पार्क में, सूरज निकलने से पहले। मैं भी अक्सर वहीं चला जाता हूँ। हफ़्ते में 5 दिन तो हो ही जाते हैं। कोशिश तो यही करता हूँ कि रेगुलर जाऊँ पर कभी–कभी व्यतिक्रम हो ही जाता है। आज तो नये दाँत लगे हैं। आज ज़रूर जाऊँगा। कभी तो लोगों के सामने जाना ही पड़ेगा। अच्छा है, पहले अपनों का रिएक्शन मिल जाये।

क्लब की ओर से हरेक को रोज़ एक कप चाय और चार ग्लूकोज़ बिस्किट दिये जाते हैं। अभी भी ज़माना बदल गया है पर कई लोग अपनी पुरानी आदत नहीं भूले हैं। चाय में बिस्किट डुबो कर खाना

उन्हें बहुत अच्छा लगता है। चाहे इसके लिए कोई उन्हें गँवार ही क्यों न कहे।

और मुझे भी तो चाय में डुबो कर मुलायम–मुलायम बिस्किट खाने में बहुत आनन्द आता है। यह बात अलग है कि मैं अपने घर में वैसा नहीं कर सकता था। पर यहाँ तो पूरी आज़ादी है। चाहे जैसे खाओ पिओ या बैठो। पर आज तो मेरे दाँत नक़ली हैं। असल को मात देने वाले। और चाय में डुबो कर बिस्किट खाने के लिए कैसे भी दाँत हों–असली या नक़ली–क्या फ़र्क़ पड़ता है। अच्छा है इस तरह अभ्यास तो हो जायेगा।

यार–दोस्त दिखाई पड़े तो मैं दूर से मुस्कराने लगा। शुरू में तो उन्होंने नोटिस नहीं किया पर नज़दीक पहुँचा नहीं कि सब चिहुँक पड़े।

"अरे वाह कपूर! आपकी तो जवानी लौट आयी। क्या दाँत हैं। बहुत ख़ूब।"

"अब रागनी की ख़ैर नहीं'' अचानक किसी ने फ़ब्ती कसी पीठ पीछे से।

मैंने तिलमिला कर पीछे देखा। दस–बारह दोस्त खड़े थे। सबके चेहरे गम्भीर। आवाज़ शायद बदल कर दागी गयी थी–मैं पहचाना नहीं था–एक–एक करके सबके चेहरे की ओर देखा। सब अपनी हँसी दबाने की कोशिश कर रहे थे। फिर चारों तरफ़ से हाँ, हाँ, करके अट्टहास करने लगे।

मैं न हँसा, न मुस्कराया। रागनी से मेरा नाता ऐसा नहीं है कि उसे लेकर जब दूसरे हँसें तब मैं भी उनमें शामिल हो जाऊँ।

गनीमत है कि रागनी इस क्लब की मेम्बर नहीं है। होती तो यहीं कहीं होती और सब सुन लेती। कितना बुरा लगता उसे। सबके सामने, बेशक कुछ न कहती, हँस कर टाल देती लेकिन जब बाद में मुलाक़ात होती। मेरी तो चमड़ी ही उधेड़ देती।

जानता हूँ–वह क्या कहती। वह कहती, ज़रूर आप भी इसमें शामिल हैं–कपूर जी, वरना कोई हिम्मत कर सकता था ऐसा बोलने की।

क्या–क्या कहते रहते हैं आप और आपके दोस्त मेरे पीछे। दोस्ती की यही क़द्र की है आपने। आइन्दा कभी न मिलिएगा मुझसे।

कैसे मनाता उसे! कैसे यक़ीन दिलाता कि ऐसी बेहूदी बात मैं सपने में भी नहीं कर सकता था। सचमुच अगर दोस्ती टूटने की नौबत आ जाती–नहीं मैं ऐसा किसी भी सूरत में गवारा नहीं कर सकता था।

अरे, तुमने मुँह फेर लिया मंगला।

अरे बाबा! वह मेरी कोई गर्ल फ्रेंड नहीं है। सिर्फ़ फ्रेंड है। आया समझ में। जब भरी जवानी में कोई गर्ल फ्रेंड नहीं बनायी तो क्या इस उमर में बनाऊँगा। दोस्ती तो किसी से भी हो सकती है। और यह कहाँ लिखा है कि दोस्त केवल पुरुष ही हो सकते हैं। स्त्री भी दोस्त हो सकती है। और बूढ़ों की ख़ास तौर से क्योंकि उनमें संवेदना ज़्यादा होती है। रागनी भी सिर्फ़ मेरी एक दोस्त है। वह 65 वर्ष की है। मुझसे 5 वर्ष छोटी–अरे मैं मज़ाक़ कर रहा था। वह मुझसे 5 वर्ष बड़ी है। बड़ी नेक औरत है। सदैव मेरी भलाई सोचती है बस।

रागनी ने भी शादी नहीं की है। क्यों नहीं की–यह तो मालूम नहीं। शायद जवानी में किसी प्रेम–व्रेम का चक्कर रहा होगा। मैंने उससे कभी पूछा नहीं और उसने कभी बताया नहीं।

चलो छोड़ो इस बात को। हाँ, मैं लाफ्टर क्लब की बात कर रहा था। आजकल जगह–जगह लाफ्टर क्लब खुल गये हैं। कहते हैं कि दिल खोल कर हँसने से तन और मन दोनों की सेहत ठीक रहती है। हालाँकि पहले मुझे इस पर यक़ीन नहीं था। अब जाने लगा हूँ–तो अच्छा लगता है। और मैं लाफ्टर क्लब का मेम्बर बन गया। क़रीब 100 मेम्बर हैं इसके। हर सुबह 60–70 लोग इकट्ठे हो जाते हैं।

हूँ, हा करते हैं और धड़ाधड़ ठहाके लगाते हैं, सब के सब। कोई एक जना कॉल मास्टर होता है–लीडर कहते हैं उसे। उसी ने शुरू किया है इस क्लब को। पहला ठहाका वही लगाता है। दोनों हाथ आसमान की ओर उठाकर। फ़ौरन, ठीक उसी की स्टाइल में बाकी तमाम मेम्बर भी हँसते हैं ज़ोर–ज़ोर से।

और अब तो महिलाओं के भी लाफ्टर क्लब खुल गये हैं। वहाँ केवल महिलाएँ मेम्बर होती हैं। उन्होंने तो हँसी के अलग–अलग नाम भी रखे हैं

मसलन–पटियाला लाफ्टर, आवाज़ ऊँचा कर, हा–हा करके हँसना। एटीकेट लाफ्टर–जिसमें मुँह बन्द कर गिलहरी की तरह चूँ–चूँ करना।

में फिर काकटेल लाफ्टर जिसमे मुँह से हा–हा, ही–ही, हू–हू, हो–हो करना।

यही नहीं–लायन या सिंह समान लाफ्टर–जिसमें घुटनों के बल गर्जना करते हुए हँसना। और फिर लाफ्टर की भी तो कई क़िस्में होती हैं जैसे साहित्य में, कविता में–हास्य की अनेक विधाएँ–व्यंग्य आदि। इन औरतों ने लाफ्टर क्लब में भी यह अजूबा कर दिखाया है। और एक हँसी का नाम दिया है–सास–बहू लाफ्टर और बर्डी लाफ्टर यानी चिड़ियों की तरह मुँह बन्द कर हमिंग करना–आदि, आदि।

प्रियदर्शिनी पार्क मेरे पड़ोस में ही है। 5–7 मिनट चलकर ही पहुँच जाता हूँ। वैसे मुम्बई ठहरा भीषण दूरियों का शहर। यहाँ का आदमी हर चीज़ अपना लेता है, बशर्ते वह ज़्यादा दूरी पर न हो। लाफ्टर क्लब की मेम्बरशिप मैंने ली–इसकी एक वजह उसका नज़दीक होना भी था। कमल हाइट्स की 20 मंज़िल ऊँची टेरेस पर सुबह–सुबह, मैं अक्सर चला जाता था–यूँ ही टहलने। तब इधर के ठहाके, सुबह के सन्नाटे में तैर कर, कानों तक रोज़ ही पहुँचते थे। एक दिन ख़याल आया, क्यों न मैं भी इन्हीं में शामिल हो जाऊँ। कुछ तो कम्पनी मिलेगी। बस ले ली–मेम्बरशिप।

हालाँकि मुझे हमेशा यही लगा, क्लब में उठते ठहाके लोगों के सिर्फ़ गले में से निकलते हैं। दिल की गहराई के साथ इनका कोई ताल्लुक नहीं। रेडीमेड ठहाके–तन–मन पर इनका असर ही क्या होता होगा।

उस दिन हू हा–करके मैं कमल हाइट्स की तरफ़ लौट रहा था। देखता क्या हूँ, सामने से झिलमिल चली आ रही है। सुबह का सूरज अभी–अभी ऊपर आया था। झिलमिल की स्कूल बस का टाइम यही है। बेटी को स्टॉप तक पहुँचाने के लिए मिसेज़ सहगल सदैव साथ रहती हैं। उनके सामने झिलमिल मुझसे नज़र भी नहीं मिलाती है। पर उस दिन मिसेज़ सहगल नहीं आयी थीं। झिलमिल अपनी सहेलियों के साथ बातें करती अकेली चल रही थी।

अचानक उसने मुझे देखा और कमान से छूटे तीर की तरह वह मेरी ओर दौड़ पड़ी दद्दू–दद्दू कहते हुए।

सच मंगला। मैं इतना ख़ुश हुआ कि बता नहीं सकता। चलते–चलते रुक गया। झिलमिल को मैं गोदी में उठा नहीं सकता था। एक ने तो मेरी रीढ़ की हड्डी कमज़ोर और फिर उस घटना के बाद जो मिसेज़ सहगल क्रियेट की थीं–लेकिन मैं अपनी बेटी–पोती जैसी झिलमिल को गले लगाये बिना भी नहीं रह सकता था।

वो तो सीधे मेरे गले से ही झूल गयी दद्दू–दद्दू बोलते हुए। मैं झुका इस तरह कि अपनी कमर को भी बचा लूँ और उसे गले भी लगा लूँ।

"कैसी हो झिलमिल–मेरी बिटिया–लाड़ली।" इतना ही पूछ पाया था कि आँखें नम होने लगीं, गला भर गया। झिलमिल बच्ची थी–वह मेरी इस हालत को कैसे समझ पाती।

वह तो अपने दोनों गालों को मेरी छाती पर बारी–बारी से रखते हँसे चली जा रही थी।

अचानक सर उठाकर आँखों में आँखें डालकर बोली, "दद्दू–दद्दू अपने दाँत तो दिखाओ।"

घबराकर मैंने अपने दाँत भींच लिए—कहीं उस घटना की पुनरावृत्ति न हो जाये।

"दिखाओ न।" मचलते हुए झिलमिल बोली।

मैंने सिर हिलाकर कहा, "नहीं।"

वह खिलखिलाने लगी, "मुझे पता है। आपके नये दाँत आ गये हैं। आ गये हैं न?" उसने पूछा।

मैंने इशारा किया, "हाँ।"

"मुझे पता था। हमारे दाँत टूटते हैं तो नये निकल आते हैं। आपके दाँत टूटे, तो नये निकल आये।"

अब भला मेरे होंठ कैसे बन्द रहते। मुँह फाड़ कर जो हँसा तो हँसता ही रहा।

किन्तु झिलमिल तो बिल्कुल नहीं हँसी। बिना पलक झपकाये वह मेरे मुँह के अन्दर झाँक रही थी। कितनी हैरान थी, मेरे नकली दाँतों को देखकर। एकाएक बोली, "बापरे, कितने सारे, और कितने अच्छे।"

फिर वह खिलखिलाकर, छिटक कर, पलट कर भाग चली अपनी सहेलियों के पास।

छह

अनुष्का यूरोप से लौटी तो उसका पूरा व्यक्तित्व ही जैसे बदल गया था। आँखों की चमक कुछ और थी। चाल में भी फ़र्क़ था।

"कैसा रहा टूर" मैंने पूछा, तो बोली, "वैरी एक्साइटिंग–इतना एक्साइटिंग होगा, सोचा भी न था।"

मेज़ पर स्टेनलेस स्टील का वह डिब्बा पड़ा था जिसमें वह मेरे लिए मूँगफली के दाने छोड़कर गयी थी। उसने नज़रें घुमायीं तो डब्बे पर जा पड़ीं। डब्बा उठा कर उसने खोला, देखा और कहा, "अरे आपने खाये नहीं।"

मैं क्या बोलता, झट से कोई जवाब नहीं सूझा तो कहा, "सारे खा लिए थे। ये तो दूसरे दाने हैं–अच्छे लगे तो दोबारा मँगवा लिए मैं झूठ बोला था–दाने मैंने छुये तक नहीं थे। पर उससे कैसे कहता कि दाने मैंने छुये तक नहीं थे। कितने प्रेम से लायी थी वह, मूँगफली के ये दाने।

उसने भी शायद मेरा झूठ पकड़ लिया होगा ज़रूर। भला जिस रंग के दाने वह छोड़कर गयी थी उसी रंग के ठीक वैसे दाने मैं दूसरे कैसे मँगवा सकता था।

"अब तो बत्तीस दाँत हैं आपके। दाने खाने में मज़ा आ गया होगा।"

"हाँ, आसानी तो हुई, लेकिन स्वाद आधा–अधूरा ही मिलता है हर चीज़ में।"

जवाब में क्या कहे, अनु को सूझा नहीं, अजब–सी ख़ामोशी आ गयी एक पल के लिए।

ख़ामोशी को मैंने ही तोड़ा। "कितने शहर देखे। कहाँ–कहाँ गयी।"

"काफ़ी देखे। गिने नहीं।"

"कभी मुझे भी ले जाओ अपने साथ।'' मैंने हल्का–सा व्यंग्य किया। फिर ख़ुद ही सोचा, मुझे कोई क्यों ले जायेगा अपने साथ–एक अनचाही बोरियत को। मन थोड़ा उदास हो गया। मुझे उदास देखकर अनु बोली, "क्यों नहीं। आप भी चलिये, लेकिन....अभी वहाँ बहुत सर्दी हो गयी है। उधर की ठण्ड बुजुर्गों को भारी पड़ती है। ऐसे बीमार पड़ जाते हैं कि....इसीलिए पूरे चेंकअप के बाद सब ठीकठाक हो, तभी एलाऊ करते हैं।"

"अभी तो सब ठीक–ठाक ही है। पीठ और कमर में प्रॉब्लम ज़रूर है लेकिन न तो शुगर है न ब्लड प्रेशर, किडनी, लिवर, हार्ट सब ओ.के.।"

"और घुटने–वहाँ चलना बहुत पड़ता है।"

"घुटने भी मूँगफली खाने से लुब्रिकेट हो गये हैं।"

"सो फ़ास्ट। कांग्रेचुलेशंस, दद्दू।"

"आजकल सभी फास्ट हैं। सो मैं भी फास्ट हो गया हूँ। ज़माने के साथ चलना चाहिए न।" मैंने फिर चुटकी ली। वह ढिठाई से मुस्कराने लगी, "ज़माने के साथ नहीं दद्दू। ज़माने से आगे चलना चाहिए। इसी में लाइफ है।"

"तुम सिखा दो, ज़माने से आगे चलना।"

"आप सीखेंगे।"

"ट्राई करके देखो।''

"ओ.के. प्रॉमिस।" अनु ने तपाक से हाथ मिलाया।

"अच्छा तो शुरुआत करते हैं अभी से।" उसने कन्धे से लटकती पर्स में हाथ डाला और बोली, "चलिए, आँखें बन्द कीजिए अभी।"

"क्यों?''

"मैं बोलूँ, तब खोलियेगा।''

"क्या लायी हो मेरे लिए?"

"ऐसे नहीं पहले आँखें ठीक से बन्द करिए। तब बताऊँगी।''

"नहीं।"

"क्यों?''

"आँखें खुली ही रखनी चाहिए। क्योंकि ज़माना तेज़ी से बदल रहा है।''

"तो बदलने दीजिए न। आपको क्या कष्ट है?''

"कष्ट का क्या है, मानो, तो कष्ट है, न मानो तो नहीं है।''

"ओ.के. योर चॉइस, रखिए खुली दोनों आँखें और देखिए क्या लायी हूँ आपके लिए।

अनु ने अपना हाथ पर्स में डाला और जो चीज़ उसकी उँगलियों में चमक उठी, उसे पहचानना मुश्किल नहीं था। मोबाइल।

दोनों हथेलियाँ खोल कर अनु ने उन्हें आपस में जोड़ा और उन पर मोबाइल रखकर मेरी ओर बढ़ा दिया।

"एकदम लेटेस्ट है। पेरिस से ख़रीदा है। अपने नाराज़ दद्दू के लिए।"

"चलो, अच्छा लगा, तुम्हें याद तो रहा कि तुम्हारे दद्दू नाराज़ हैं।" मैंने मोबाइल उठाते हुए कहा।

"वाह! बहुत खूबसूरत है। थैंक्यू अनु।

"मोस्ट वेलकम दद्दू। यह सिर्फ़ सुन्दर नहीं है। बड़ी ज़ोरदार चीज़ है। इतने सारे फंक्शंस हैं कि समझते हफ़्तों गुज़र जायेंगे। लीजिए इसका मैन्युअल, फुर्सत से पढ़िएगा।"

अनु ने एक ख़ूबसूरत छोटी–सी किताब मेरी ओर बढ़ा दी।

मैं बड़बड़ाया, "अरे यह अगड़म–बगड़म मेरी समझ में नहीं आयेगा।"

"मैं समझा दूँगी, रोज़ थोड़ा–थोड़ा। इसमें कैमरा भी है यानी मोबाइल–कैम। देखिए ये रहा लेंस, इधर से एम करिए और यहाँ यूँ दबाइए ऐसे। लीजिए हो गया चालू....डिजिटल है। इधर, शूट किया, उधर देखा। लाइए, मैं आपकी एक फ़ोटो खींचूँ।"

अनु ने मोबाइल मेरे हाथ से लेकर मेरे चेहरे पर फोकस किया और कहा, "स्माइल प्लीज़।''

मैं न मुस्करा सका।

"हाँ दद्दू! अभी उठिए—दरवाज़े तक आइए...।"

मुस्कराया भले नहीं, लेकिन उठकर दरवाज़े तक अवश्य गया।

"क्या दद्दू मुस्कराने में भी कंजूसी। देखिए, कितनी अच्छी फ़िल्म बनी है आपकी। इधर....यह दबाइए....और देखिए....ये आया।"

मोबाइल—कैम के छोटे—से स्क्रीन पर सरक रहा था मैं। उठकर दरवाज़े तक जाता हुआ...कितना....साफ़....कितना रंगीन।

''इसे कम्प्यूटर पर भी देख सकते हैं। बड़े स्क्रीन पर। वीडियो फ़िल्म ही समझिए। फ़ोटो की तरह प्रिंट करना चाहो, तो वो भी कर लो। यहाँ तक कि एक मोबाइल से दूसरे मोबाइल तक ट्रांसफर भी कर सकते हैं। यानी एम.एम.एस।''

''समझिए—एक मोबाइल में पूरी दुनिया समायी है। इंटरनेट भी है इसमें।" चहकते हुए अनु ने कहा।

"हाँ, अनु, अब तो इंडिया में भी मिलने लगे हैं ऐसे मोबाइल कैम। और हर रोज़ एक नया मॉडल आता है नयी—नयी ख़ूबियों के साथ।"

"हाँ, हाँ मिल रहे हैं लेकिन इसे तो मैं लायी हूँ—ख़ास पेरिस से। बोलिये किसके लिए?"

"अपने नाराज़ दद्दू के लिए।" कह कर मैं मुस्करा दिया। अनु ने अपने शोल्डर कट बालों को झटके के साथ लहरा दिया और तपाक से कहा, ''चलिए अब आप बनाइए मेरी फ़िल्म ! ऐसे नहीं....ऐसे पकड़िए।"

"अभी नहीं—फिर कभी।"

"ओ.के.।"

''और बोलो।"

''सबके लिए कुछ न कुछ लेकर आयी हूँ।''

''लाना ही चाहिए। एक बात कहूँ।"

"कहिए न।"

"ये मोबाइल....मोबाइल कैम....ये सब झगड़े की चीज़ें हैं।''

"आप नहीं बदलेंगे दद्दू। मोबाइल से तो प्यार बढ़ता है। जब चाहो, जिससे चाहो। दुनिया के किसी भी कोने में बात कर लो।''

"मोबाइल कुछ ज़्यादा ही बात कराता है। इससे बनती बात भी बिगड़ जाती है।''

"बिगड़ी बातें बन भी तो जाती होंगी।''

"आमने–सामने बैठकर प्यार से बतियाओ तो बिगड़ी बातें ज़रूर बन जायें लेकिन यूँ हवा में बातें करने से तो....बातों का अपच ही हो सकता है।"

"आप तो, बस, हर जगह निगेटिव ही देखते हैं। मैं इतनी ख़ुशी से एक चीज़ लायी हूँ और आप।'' अनु की आँखें छलछला उठीं।

मैं स्तब्ध रह गया–मैंने अपनी अनु की ओर देखा। उसके नाज़ुक होठ थरथरा रहे थे। एक क्षण पहले की चहकती हुई अनु; अब उदास हो गयी थी–मैंने अपने को कोसना शुरू किया। अनु–मेरी प्यारी बच्ची कितने उत्साह से एक गिफ्ट लेकर आयी अपने प्यारे दद्दू के लिए। और मैंने क्या किया–दुनिया भर की फिलासफ़ी झाड़ने लगा।

दोष मेरा भी नहीं है। अख़बारों में रोज़ पढ़ता हूँ, फलाँ पार्क में किसी ने चुपके से, मोबाइल–कैम ऑन करके, किसी का वीडियो बना लिया–अश्लील फ़ोटो वीडियो–कम उमर के बच्चे देखने लगे, लोगों की प्राइवेसी ख़त्म हो गयी। किसी ने किसी का फ़ोटो खींचा और नौबत मार–पीट तक आ गयी....और जब दिमाग़ में यह सब बातें कौंध गयी तो दो–चार वाक्य मैंने बोल भी दिये। पर कहाँ गयी मेरी समझ–यह मौक़ा क्या ये सब बातें करने का था। यह तो हुआ नहीं कि नये जमाने के इस आविष्कार को, इस गिफ्ट को एप्रीशियेट करता। कम–से–कम इस वक़्त तो ऐसी उल्टी बातें न करता, बस मीन–मेख निकालने लगा। बिटिया का दिल दुखा दिया–चल अब माफ़ी माँग। मैंने कातर आँखों से देखा अनु को–मेरी आँखें मानो कह रही थीं–मुझे माफ़ कर, मुझे माफ़ कर–किन्तु मैं बोल इतना ही भर सका, "अनु बेटे–मैं तो एक जनरल बात कह रहा था–तुमने बेकार ही उसे दिल में लगा लिया।"

पर अनु बिटिया ने जैसे मेरी बात सुनी ही नहीं। एक झटके से वह कमरे के बाहर हो गयी। मेरे हाथ उसे रोकने के लिए उठे, लेकिन वह जा चुकी थी।

सात

जानता हूँ, मंगला, तुम कभी भी यक़ीन नहीं करोगी, अगर मैं कहूँ कि आजकल मैं पुलिस के चंगुल में हूँ। तुम इसे एक मज़ाक़ समझोगी, पर सच यही है कि आजकल पुलिस ने मेरे बारे में बहुत कुछ पता लगा लिया है।

आप! इस बुढ़ापे में पुलिस के हत्थे। अवश्य क्रोध से तुम्हारा चेहरा लाल पड़ गया होगा।

काश! अभी मैं तुम्हें आमने–सामने देख सकता क्योंकि क्रोध की लाली तुम्हारे चेहरे पर उतनी ही खिलती है, जितनी शर्म की लाली।

अच्छा मज़ाक़ छोड़ो। बात सिर्फ़ इतनी है कि इन दिनों समाज में रात–दिन जो घटनाएँ घटती रहती हैं और उन घटनाओं के टारगेट होते है–बच्चे, बूढ़े, बुजुर्ग। मुम्बई, दिल्ली जैसे बड़े शहरों में बल्कि अब तो छोटे शहरों में भी, बुजुर्गों पर जानलेवा हमलों की वारदातें इतनी बढ़ चुकी हैं कि सोच कर ही शर्म आती है। क्या यही है अपना देश, अपना समाज, अपनी संस्कृति।

दिल्ली सरकार ने पुलिस को सख़्त आदेश दिये हैं। "ऐसे हर बुजुर्ग की सुरक्षा के लिए चौकस रहो, जिसकी उम्र 70 वर्ष से ऊपर है और जो अकेले घर में रहते हैं।"

मैं इस कसौटी पर बिल्कुल खरा उतरता हूँ। मेरी उम्र 70 से ज़्यादा है। कुछ दिनों में 75 भी पार कर लूँगा और फिर 80। अकेले घर में नहीं। अकेले कमरे में रहता हूँ। कमरा भी ऐसा जिसकी एंट्री बाहर से है।

मुझ पर भी हमला हो सकता है। इस आशंका से इनकार नहीं किया जा सकता।

20 वीं मंज़िल के ऊपर फैला टैरेस अक्सर सूना रहता है। वहाँ अनेक कोने ऐसे हैं जहाँ दुबक कर छिप जाना मुश्किल नहीं है। आधी रात को सिक्यूरिटी वालों की आँख बचाकर ग्राउंड फ्लोर से 20 मंज़िल तक चढ़ना बच्चों का खेल नहीं है। उससे कहीं आसान है, दिन के ही दौरान टैरेस तक पहुँचना और छिप जाना। फिर...रात के सन्नाटे में चुपके से नीचे उतरना और...और लॉक को तोड़कर...

हमला दिन–दहाड़े भी हो सकता है। पीठ और कमर की जकड़न के कारण मैं पलँग से बार–बार उठकर और लॉक खोलूँ और फिर बन्द करूँ–यह मेरे बस की बात नहीं है। लिहाज़ा मैं दरवाज़ा खुला ही रखता हूँ। मेरे कमरे में बच्चे अगर धड़ल्ले से आ जाते हैं, तो चोर, उचक्के भी बेधड़क दाख़िल हो सकते हैं। अचानक झपट कर, दरवाज़ा बन्द कर, कोई भी हथियार दिखा, वे मुझे किसी भी हद तक मजबूर या घायल कर सकते हैं। चीखने–चिल्लाने का मौक़ा ही कहाँ मिलेगा। पालतू कुत्ते भी गाफिल रहेंगे क्योंकि वे फ़्लैट के अन्दर कहीं होते हैं। मेरा कमरा अलग–थलग है अन्दर तक तो आवाज़ भी नहीं पहुँचेगी।

कमल हाइट्स के पिछवाड़े में अनेक पाइप लाइनें हैं। वे खुली दिखाई देंगी तो टावर की ख़ूबसूरती कलंकित होगी इसीलिए उन्हें डिजाइनर दीवारों से ढाँक दिया गया है। ये दीवारें ग्राउंड फ्लोर से शुरू होकर 20 मालों से भी ऊपर, टैरेस तक पहुँचती हैं। ये दीवारें पोली होती हैं। इनके अन्दर तमाम पाइप और कनेक्शंस छिप गये हैं। रात का सन्नाटा गहरा जाने के बाद, इन्हीं पाइप लाइनों के सहारे मीनार के अन्दर वे ऊपर चढ़ सकते हैं किसी भी फ्लोर पर पहुँचने के लिये...

ऐसे ख़तरों पर तो मैंने पहले कभी ग़ौर ही नहीं किया था। यही मान कर चल रहा था कि इतने समर्थ, संयुक्त परिवार में रहता हूँ।

पूरे फ्लोर पर अपना ही क़ब्ज़ा है। ग्राउंड फ्लोर पर चौबीस घण्टों की सिक्यूरिटी रहती है। घर में भी, बेटे, बहुएँ, पोते, पोती, तीन नौकर, दो कुत्ते–किसकी हिम्मत है जो मेरा बाल भी बाँका कर सके।

लेकिन उस दिन–जो पुलिस वाला, मुझसे मिलने आया, उसने शुरू ही इस प्रकार किया, "माफ़ कीजिएगा, कपूर साहब, मुझे यह कमरा आपके लिए सेफ नहीं लगता। इसमें बाहर से डायरेक्ट इंट्री है, जो आपके लिए ख़तरनाक साबित हो सकती है।"

''लेकिन सोसायटी की तरफ़ से जो सिक्यूरिटी है'', "जी हाँ, सिक्यूरिटी, लेकिन ख़ुद सिक्यूरिटी वाले ही बदमाशों से मिले हो सकते हैं। और तो और घर के भरोसेमन्द नौकर भी चुपके से सिटकनी उतार कर बदमाशों को अन्दर आने दे सकते हैं।"

मेरा दिमाग़ घूम गया। मैं सोचने लगा, क्या गोलू... या महाराज या हमारे तीनों पुराने नौकर इस हद तक जा सकते हैं।

पुलिस इंस्पेक्टर जो आया था क़रीब तीसेक बरस का रहा होगा। उसने अपना नाम बताया था प्रशान्त चौधरी। मेरे बारे में जानकारियाँ उसने कमल हाइट्स के सोसायटी ऑफ़िस से ली थीं।

"मैं पुलिस के समाज कल्याण सेल से आया हूँ। यह सेल होम–मिनिस्ट्री ने अभी हाल में बनाया है। पुलिस की ओर से आपको एक आई कार्ड दिया जायेगा, हमेशा जेब में रखने के लिए। उसमें आपका नाम, पता, फ़ोटो, ब्लड ग्रुप, उम्र आदि सब दर्ज होगा। एक ख़ास बात और आपको कोई ऐसी बीमारी तो नहीं है जो दबे पाँव आये और राह चलते अचानक...

"मसलन?" मैंने पूछा

"यही कोई हार्ट ट्रबल...या मिर्गी जैसी कुछ।"

"मिर्गी"....मैं चिहुँक पड़ा–ज़ोर से बोला।

''इंस्पेक्टर आप कुछ ज़्यादा ही...''

"आय एम सॉरी लेकिन पूछना मेरा फ़र्ज़ है।"

"नहीं ऐसी कोई बीमारी नहीं है मुझे, आपकी दुआ से।"

"कोई इमोशनल प्रॉब्लम? जैसे निराशा...अकेलापन।"

''जी नहीं, उधर वो तस्वीर देख रहे हैं। जिस पर माला पड़ी है। वह मंगला है—मेरी पत्नी जब भी कभी कुछ ऐसा घटता है कि सहा न जाये, मैं इसी तस्वीर से बातें करने लगता हूँ, मन–ही–मन। फिर कोई निराशा नहीं रहती। कोई कुण्ठा नहीं, अकेलापन नहीं। वो मेरी शेरनी थी, मैं उसका शेर। इतने बरस बीत चुके, हमें अलग हुए, लेकिन आज भी लगता है, वो कभी भी दनदना कर दाख़िल होगी और पूछेगी, क्यूँ फिर चालू 'सिगरेट?' उन दिनों में 25–30 सिगरेट रोज़ पीता था। मंगला अचानक चली गयी, तब... तब से अहम काम जो मैंने किया, वह यही था, सिगरेट छोड़ दी। तम्बाकू को फिर हाथ नहीं लगाया। मेरी अच्छी सेहत का राज़ यही है।"

"यह तो आपने बहुत अच्छा किया।"

हाँ, तो अब मैं चलता हूँ। पर एक बात आपको और कहूँगा कि आप ये जो सोने की अँगूठियाँ पहने हुए हैं...और गले में यह जो चेन...?

"इनसे आपको क्या दुश्मनी है।" मैंने पूछा।

"दुश्मनी मुझे तो नहीं, मगर दूसरों को हो सकती है। जैसा कि मैं जान पाया हूँ, लाफ्टर क्लब में पहुँचने के लिए आप सूरज निकलने से पहले चल पड़ते हैं। तब काफ़ी अँधेरा रहता है और रास्ते सूने रहते हैं। अगर कोई घात लगाये बैठा हो और अचानक आप पर टूट पड़े। क्या आप उसका मुक़ाबला कर पायेंगे। चेन तो, ख़ैर, एक झटके में उसकी मुट्ठी में आ जायेगी, लेकिन अँगूठियाँ? जल्दी से खींच नहीं पायेगा तो वह आपकी उँगलियाँ भी काट कर ले जा सकता है।''

"ओह, नो।"

"जी हाँ, ऐसी कई वारदातें, हमारे यहाँ दर्ज़ हुई हैं। ज़्यादातर हमले बुजुर्गों पर ही हुए हैं। वे मुक़ाबला नहीं कर पाते हैं इसलिए आसानी से शिकार बनते हैं और फिर आज कल तो कोई हद ही नहीं रही। रत्ती भर सोना लूटने के लिए डकैतों ने बुजुर्गों के गले तक रेत डाले हैं।''

"अरे, आप मुझे इतना डरा क्यों रहे हैं। ऐसे मैं अचानक किसी से डरता नहीं हूँ।''

"प्लीज़ कपूर साहब आप मुझे ग़लत मत समझिए मैं आपको डराने के लिए नहीं कह रहा हूँ। सिर्फ़ सावधान रहने के लिए कह रहा हूँ। और आजकल तो नौजवानों को भी सावधान रहने की ज़रूरत है।''

"जी हाँ, यह तो मैं देख रहा हूँ।" मैंने सिर हिलाया।

"थैंक्यू–अब मैं इजाज़त चाहूँगा।'' इंस्पेक्टर ने उठते हुए कहा। अगले हफ़्ते आपका आई कार्ड लेकर फिर आऊँगा।"

"मोस्ट वेलकम।"

वह अपना ब्रीफकेस लेकर उठ पड़ा, "हैव ए गुड डे कपूर साहब– बाय–बाय।"

"अरे–अरे रुकिए इंस्पेक्टर।''

"जी।"

"अभी–अभी याद आया। इसी टॉवर में, इसी विंग में दसवें माले पर एक बुजुर्ग महिला रहती हैं।''

"हाँ, मिस रागनी वर्मा...यही है न उनका नाम?''

"अरे आपको कैसे मालूम?"

"जहाँ से आपका नाम पता चला–वहीं से उनका भी सोसायटी ऑफ़िस से।''

"ओह–सो इजी", मैं बुदबुदाया। घड़ों पानी पड़ चुका था मुझ पर। रागनी के कल्याण के लिए जैसे दुनिया में अकेला मैं ही होऊँ जो उनके बारे में जानता हो और बता भी सकता हो।

इंस्पेक्टर ने भी क्या सोचा होगा?

"मैं रागनी जी से मिल चुका हूँ, कपूर साहब। लेकिन वह तो मुझ पर एकदम ही भड़क गयीं।"

"ओह नो। कैसे भड़क सकती हैं।"

"हुआ यूँ कि जैसे ही मैंने उन्हें बताया कि हम 70 या उससे भी ज़्यादा बरस के बुजुर्गों से उनका डाटा ले रहे हैं, त्यों ही वे तिलमिला कर लाल हो गयीं। बोलीं, जब मैं 70 की हो जाऊँ, तब आना। अभी तो मैं 65 बरस की भी नहीं हुई हूँ।"

मैं उनकी असल उम्र कहते–कहते रुक गया।

अच्छा हुआ जो कह नहीं दिया। किसी भी स्त्री की सच्ची उम्र बता देना भले पुरुषों का काम नहीं है।

"तुम उधर हँस तो नहीं रहीं, मंगला?"

बात बड़ी सीरियस है। इससे रागनी की पर्सनल सेफ्टी ख़तरे में पड़ जायेगी। अरे, यह तो वह मौक़ा है जब 65 बरस की उम्र भी 70 की बतायी जाये ताकि सेफ्टी कवर तो मिले और यहाँ देवी जी हैं 65 की और 60 की भी नहीं बन रहीं।

रागनी को समझाना पड़ेगा।

और यह काम सिवा मेरे भला और कौन करेगा।

आठ

आज सुबह–सुबह देखा कमलकिशोर–मेरा बड़ा बेटा लिफ्ट के पास खड़ा था। कमलकिशोर को मैं काफ़ी दिनों बाद देख रहा था। एक ही घर में रहते हैं, मगर मुलाकातें रोज़ कहाँ होती हैं। कई बार इतने दिन बीत जाते हैं कि अचानक लगता है, "अरे कितने दिन बीत गये–बेटे से मुलाक़ात ही नहीं हुई।" तब मन में एक टीस–सी उठती है।

कमलकिशोर छरहरा कभी नहीं रहा। बतौर बिल्डर आज जब वह सफलता पा चुका है, उसकी हड्डियों पर चरबी की परतें चढ़ने लगी हैं। छरहरा तो रमेश चन्द्र भी कभी नहीं रहा, लेकिन बड़े भाई की तुलना में उसका फैलाव हमेशा कम रहा है।

छोटा रमेश चन्द्र मेरे कमरे में अक्सर आ जाता है। बड़ा कमलकिशोर केवल तभी आता है जब कोई ख़ास बात हो।

कमलकिशोर शानदार, नये चूड़ीदार पैजामें में था–पैरों में स्टाइलिश मोजड़ी। बदन से उसके हमेशा किसी विदेशी परफ्यूम की धीमी–धीमी सुगन्ध आती रहती है।

देखा थोड़ी देर में लिफ्ट के पास रमेश चन्द्र भी आ पहुँचा था। दोनों भाइयों की बीवियाँ, इला और चाँदनी भी सजधज कर आती दिखाई दीं। वैसे वे सदैव ही बनी–ठनी रहती हैं। उनके पीछे अनु भी दिखाई दी। फिर अजय और अभय। सब प्रसन्न थे। क्यों प्रसन्न थे वे सब? और इतना सजधज कर सब कहाँ जा रहे थे? प्रश्न बार–बार मेरे अस्तित्व पर कुल्हाड़ी मारने लगा।

कमल हाइट्स के हर माले पर दो लिफ्टें हैं। दोनों एक साथ ऊपर आकर रुकीं। दोनों के दरवाज़े खुले साथ–साथ।

सब लिफ्ट में दाख़िल हो गये और दनदनाती लिफ्ट नीचे की ओर चली गयी। ऊपर एक सन्नाटा–सा घिर आया।

उत्सुकतावश बाहर बालकनी में आकर नीचे झाँका। नीचे देखता क्या हूँ एक नयी चमचमाती कार खड़ी है। महाराज, गोलू और राधे उसे गेंदे की मालाओं से सजा रहे हैं।

टावर के वाशिन्दे आ जा रहे थे। वे ज़रा रुकते, कार को देखते, फिर चल देते। कोई मुस्कराता, कोई न मुस्कराता। कोई दो पल रुक जाता फिर जाने लगता। कुछेक ने कमलकिशोर से तो कुछेक ने रमेश चन्द्र से हाथ भी मिलाया।

"तो नयी कार ख़रीदी गयी है।" मैंने सोचा।

काले रंग की कार सुबह की गुनगुनी धूप में चमचमा रही थी।

नयी कार हमारे घर के लिए अछूती तो नहीं है। पहले से 2–3 गाड़ियाँ हैं। फिर क्यों इसके स्वागत में पूरा परिवार नीचे उतर आया। मैं बालकनी में खड़ा तमाशा देख रहा था।

कोई नौजवान मन्द–मन्द मुस्कराता सामने आ रहा था। उसी की बगल से चल रहा था–एक अधेड़ फ़ोटोग्राफर, अपना कैमरा सँभालता।

कमलकिशोर के नज़दीक पहुँचकर वह बड़े अदब से झुका और उसने कमलकिशोर को कोई चीज़ पकड़ाई। कार की चाबी होगी शायद।

तालियाँ–तालियाँ बजने लगीं।

फ़ोटोग्राफर के कैमरे की क्लिक–क्लिक होने लगी जिसने चाबी दी थी वह या तो इस कार का स्वयं डीलर रहा होगा। या फिर उसका कोई प्रतिनिधि अपने ऑफ़िस में फ़ोटो लटकायेगा। शायद कि देखो, कितना मशहूर है अपुन का ग्राहक–फ़ोटो अख़बारों में भी छप सकता है।

लेकिन इतना नाटक क्यों? नयी कार ख़रीदना कमलकिशोर के लिए क्या पान खाने और थूक देने के बराबर नहीं।

मन में टीस उठ रही थी बराबर। अभी तक नीचे की सरगर्मी देखने में वह टीस अधिक ज़ोर से अपना सिर नहीं उठा पायी थी। अचानक जैसे आँधी का बबूला उठा और उस टीस की लहर ऊपर से नीचे तक पूरे बदन में लहरा गयी। पूरा परिवार नीचे था–केवल मैं यहाँ अकेला खड़ा था–किसी को सुध नहीं आयी कि एक अदद उनका बाप अकेला इस पूरे परिवार का जनक–ही वहाँ नदारद नहीं है। क्यों नहीं उसकी उपस्थिति का अहसास भी उनके मन में नहीं आया। उसकी वहाँ जरूरत ही नहीं समझी गयी। क्यों?

मन अचानक भारी हो गया। बालकनी से आकर भीतर अपने कमरे में लेट गया। बार–बार नज़र मंगला तुम्हारी तस्वीर की ओर जा रही थी–तुम होतीं तो शायद ऐसा नहीं होता–पर इतने यक़ीन से यह भी कैसे सोच सकता हूँ। तब भी शायद यही स्थिति होती–हम दोनों बूढ़े–बुढ़िया बालकनी में खड़े होकर झाँकते रहते अजनबियों की तरह–मन तब भी शायद ऐसे ही अवसाद से भर जाता–पर तब मन में एक सन्तुष्टि तो होती कि हम साथ–साथ तो हैं।

ऐसे ही लेटे–लेटे जाने क्या–क्या सोच रहा था पर एक बात बार–बार दिमाग़ में कौंध सी रही थी। इस कार में ऐसा क्या था...? जिसके लिए इतनी मशक्कत और वह भी सुबह–सुबह।

रहस्य खुला तीन एक घण्टों के बाद। रागनी वर्मा ने मेरे कमरे में दाख़िल होते हुए पूछा, "क्यों देख ली?"

"क्या देख ली?"

"नयी कार नहीं देखी–सुबह दस बजे।"

"अच्छा–वह–हाँ देख ली। काले चोर जैसी काली कार। लाइट्स बुझाकर रात के अँधेरे में सरक रही हो, तो नज़र ही न आये। भैंसे जैसी बड़ी है, तो भी।"

रागनी हँसने लगी, "वाह कपूर साहब। क्या बात कही है। काले चोर जैसी काली कार।"

मैं गम्भीरता से बोला, "क्या दुनिया में दूसरा कोई कलर था ही नहीं। काली क्यों ख़रीदी? सफ़ेद ख़रीदता। सफ़ेद जैसा राजसी रंग दूसरा है ही नहीं। औरत हो या कार, गोरी ही अच्छी लगती है।"

"आपने ख़ूब कही। इससे एक अन्दाज़ तो मैं लगा सकती हूँ। आप की वो जो थीं न....आपकी श्रीमती जी क्या नाम था–मंगला जी, उनका रंग इतना गोरा रहा होगा कि...."

"तुमने किसकी याद दिला दी। सच बताऊँ मंगला ख़ास गोरी नहीं थी, साँवली भी नहीं थी, पर मन उसका बहुत गोरा था।"

"आपका मन भी गोरा हो गया उनके साथ रहकर। क्या कोई और दिखाई पड़ी, उनके जैसे गोरे मन वाली।"

"नहीं दिखी होगी। क्यूँ है न?" रागनी सहसा बोल पड़ी।

मैं चौकन्ना हो गया। इस बात में रोमांस का तड़का तो नहीं लगा है? सोचा–प्रकारान्तर से रागनी कहीं यह तो नहीं कह रही, "मैं आप को कैसी लगती हूँ? क्या मेरा मन उनके जैसा गोरा है?"

किसी ने सुन तो नहीं लिया? मेरी नज़र खुले दरवाज़े से बाहर देखने लगी उधर कोई है तो नहीं–कोई नहीं था। आह! कितनी राहत। वरना बातों को बिगड़ते, अफ़वाह बनते देर ही कितनी लगती है। झिलमिल काण्ड की याद अभी भी ताज़ा थी मेरे दिमाग़ में।

बातों की पटरी बदलनी पड़ेगी फ़ौरन। कहीं ऐसा न हो, फिर कुछ ऐसा–वैसा रागनी के मुँह से निकल पड़े।

मैंने कहा, "हम उस कार की चर्चा कर रहे थे।"

"हाँ, हाँ, अनमनी–सी हो उठी थी रागनी–फिर जैसे कुछ याद आया, "अरे आप नीचे क्यों नहीं आये? सारा परिवार वहाँ इकट्ठा था–बस आपको छोड़कर।"

अनजाने ही उसने सूई चुभो दी थी।

मैंने कहा, "बस, ऐसे ही। मुझे तो उस कार में ऐसी कोई बात दिखी नहीं जिसके लिए समूची फेमिली उसको पाकर फूले नहीं समाये।"

"तो आपको पता नहीं, वो बुलेट प्रूफ़ गाड़ी है। बुलेट प्रूफ़। समझे! गोलियों की बौछार में भी ऐसी शाँय–शाँय भाग सकती है कि..."

मेरे कान भीतर सुलग गये। सही सुना क्या–बुलेट–प्रूफ़?

नज़र उठायी, तो साथ में भौंहें भी उठ गयीं।

रागनी किलक रही थी, "जानते हैं कितने की है? एक–दो करोड़ से तो ऊपर की होगी? आपको तो पता ही होगा। ऐसी कारें इससे भी महँगी हो सकती हैं।"

"अच्छा, लेकिन इतना ख़र्च करने की क्या ज़रूरत थी कमलकिशोर को। मुझसे पूछा तो होता? एकदम से आसमान में नहीं उड़ना चाहिए। इन्सान धरती पर ही अच्छा लगता है। आसमान पक्षियों के लिए रहने दे।"

"अच्छा तो मैं अब समझ गयी। बच्चों ने आपको नीचे क्यों नहीं बुलाया। आजकल आप हर बात में अपनी फिलासफी घुसे..."

रागनी अचानक रुक गयी।

अपना वाक्य उसने पूरा नहीं किया था। लेकिन मैं उसका आशय साफ़ समझ गया था।

"अच्छा नहीं लगा किन्तु क्या रागनी को मैं पहचानता नहीं। मेरे सामने वह हमेशा बिन्दास बातें करती है। क्या इतनी ही बिन्दास वह दूसरों के सामने हो जाती होगी?"

उँह, दूसरों से मुझे क्या लेना देना?

रागनी मेरे सामने बिन्दास ही बनी रहे, इसी में मेरी भलाई है। तभी वो मुझे तमाम ऐसी बातें बता सकती है, जो दूसरे कतई नहीं बताते।

रागनी उस पुल का नाम है जो मुझे बाहरी दुनिया से जोड़ती है। आज की नयी दुनिया, जिसे मैं झेल नहीं पा रहा था।

"कहाँ खो गये कपूर साहब?''

"कहीं नहीं।''

"लेकिन आपका चेहरा देखकर लगता है कि कुछ तो है जो आपको अन्दर ही अन्दर बुरा लगा है।"

"नहीं, नहीं ऐसी कोई बात नहीं।" मैंने बात टालते हुए कहा– "कमलकिशोर ने ऐसी गाड़ी ख़रीदी है तो कहीं उसे किसी ख़तरे का अन्देशा तो नहीं है? यही सोचकर मैं आशंकित हो रहा था।''

"आप भी कपूर साहब, बस! आपके बेटे ने इतनी हसरत से कार ख़रीदी है। कितना ख़ुश हैं। आपको भी ख़ुश होना चाहिए कि आपका बेटा आज ऐसी बुलन्दी पर है कि...

''हाँ–हाँ" मैंने कहा। "मैं बहुत ख़ुश हूँ।"

"मैं तुमसे कोई और बात करना चाहता था, पर तुम तो कार में ही उलझकर रह–गयीं।"

"नहीं, कपूर साहब–आप सोच रहे हैं–इतनी महँगी गाड़ी ख़रीदने की क्या ज़रूरत थी।"

कैसे रागनी मेरे मन की बात जान लेती है। मैं अवाक् उसे देखता रहा–तभी वह बोली, "एक बात कहूँ। जैसे–जैसे उम्र बढ़ती जाती है–इन्सान अपनी जड़ों की ओर लौटना चाहता है। आपके साथ भी ऐसा ही कुछ हो रहा है। आप ज़माने के साथ चल नहीं पा रहे हैं। ज़माना हर घड़ी बदलता जा रहा है–उसके साथ चलने में ही भलाई है। आप हर चीज़ को अपने पुराने चश्मे से क्यों देखना चाहते हैं। क्यों यह सोचते हैं कि हमारी उम्र में भी तो गाड़ी अच्छी चल रही थी–सादा खाओ, सादा रहन–सहन। कमलकिशोर को नयी गाड़ी ख़रीदने की क्या ज़रूरत थी–घर में पुरानी कई गाड़ियाँ हैं फिर नयी क्यों।"

मैंने रागनी की बात काटते हुए कहा, ''नहीं–नहीं ऐसी बात नहीं है।''

"ऐसी ही बात है।" रागनी बोली, "किसी ने ठीक ही कहा है कि बढ़ती उम्र में हर व्यक्ति हर चीज़ को फॉर्मूले में बाँध देना चाहता है। फॉर्मूले मिल जाते तो ज़िन्दा रहना बड़ा आसान हो जाता। अब इस चैप्टर में यह करना है, उस चैप्टर में वह करना है।

ज़िन्दगी की सबसे ख़ूबसूरत बात उसकी अनप्रेडेक्टिबिलिटी है। कुछ भी तयशुदा न होना ही ज़िन्दगी की ख़ूबसूरती है। कब क्या होने वाला है, पता नहीं। हमारे ज़माने में हम दीवाली पर तेल के दिये जलाते थे। तेल ख़त्म होने पर फिर तेल डालते थे, टेसू लेकर दशहरा माँगने जाया करते थे।''

''अब आज ऐसा होता है क्या?''

"मैं तो तुमसे कोई और बात करना चाहता था।"

"करिए न–बट नो उपदेश।"

''मैं कहना चाहता था कि ऐसी भी क्या ज़िन्दगी कि बिना बुलेटप्रूफ़ कार के बाहर निकल ही न सके–भगवान कमलकिशोर की रक्षा करना।''

"आप तो बस, हर जगह एक्सट्रीम ही सोच लेते हैं।"

"क्या तुम साबित कर सकती हो कि अभी मैंने जो कहा, उसमें एक्सट्रीम जैसा कुछ था?''

"साबित करना चाहूँगी तो बहस हो जायेगी। आपसे कौन बहस करे। आप तो जगद्गुरु शंकराचार्य हैं।''

"सॉरी, रागनी मैं बहस के मूड में नहीं हूँ। अच्छा होगा, इस बात को हम यहीं छोड़ दें"। मैंने कुछ ज़ोर से कह दिया।

"देखिए! आप अपने टेंशन मुझ पर मत निकालिए।'' मैंने उसी पल सन्नाटा खींच लिया।

"चुप कैसे हो गये?"

गहरी, ख़ूब गहरी, ठण्डी साँस लेकर मैं चित लेट गया।

"कपूर साहब।"

"अच्छा मैं चलती हूँ।"

रागनी को मैंने हौले–हौले मुड़ते देखा। बिना कुछ कहे–चुपचाप मेरा दरवाज़ा उसने बाहर से उढ़का दिया।

नौ

तो... यह तीसरा मौक़ा रहा, जब किसी को मेरे सामने से अचानक हट जाना पड़ा। तिलमिलाकर पहले दो मौक़े तारा ने झेले। तीसरा मौक़ा रागनी ने। कसूर किसका था? मेरा? नहीं तो।

यही दिक़्क़त है। जैसा मुझे लगता है, वैसा दूसरों को नहीं लगता। जैसा दूसरों को लगता है–वैसा मुझे नहीं लगता।

क्या मैंने अनुष्का को सही सलाह नहीं दी थी? रागनी को भी तो मैंने केवल अपने मन की बात बतायी थी। पर वो बेवजह भड़क गयी, तो क्या ज़रूरी था कि मैं भी उसपर भड़क जाऊँ।

कैसे अचानक, एकदम अचानक फट पड़ा था मैं। उसने तो मुझे न तो अपमानित किया था, न चुनौती दी थी, न ही मखौल उड़ाया था। केवल एक दोस्त–की तरह बेबाक बतिया रही थी वह। और मैं? जाने कौन सी कुण्ठा थी–कब से दबी पड़ी थी। जाने किसके ख़िलाफ़, कितना गुस्सा–कब से दबा पड़ा था। ज्वालामुखी कैसे अचानक फट पड़ा था...।

मुझसे गम्भीर भूल हुई। मुझे रागनी से माफ़ी माँग लेनी चाहिए।

जेब से मोबाइल निकाल कर मैंने कमलकिशोर का नम्बर मिलाया। चलो, बेटे को कार की बधाई दे दूँ।

कमलकिशोर और रमेश चन्द्र, दोनों भाइयों के मोबाइल में मेरा नम्बर सेव है।

फोन की घण्टी टनटना रही थी।

अचानक कॉल कट हो गयी।

यह है आज का बेटा। स्क्रीन पर बाप का नाम देखा नहीं कि कॉल कट। ठीक है, अब मैं भी देखता हूँ।

होशियार ! कपूर। तूने फिर उल्टा सोचना शुरू कर दिया। माना, तेरी कॉल कट हो गयी, लेकिन ज़रूरी तो नहीं कि उसने जान–बूझ कर तेरी उपेक्षा की हो। बड़ा आदमी है। कहीं भी व्यस्त हो सकता है। किसी मीटिंग में, किसी अहम सौदे में। किसी उलझन में भी डूबा हो सकता है। तेरा नाम...उसके स्क्रीन पर फ़्लैश हो ही चुका है। अब वो तुझे कॉल–बैक करेगा। जब उसे समय होगा। आया समझ में हाँ मंगला! समझ में तो आ गया लेकिन...इस लेकिन का क्या करूँ?

बड़ा बेटा न सही। छोटे को कॉल करके देखता हूँ। मैंने रमेश का नम्बर मिलाया। मोबाइल को अपने कानों पर हौले से दबा कर सुनने लगा।

कॉल गयी ही नहीं।

शायद नेटवर्क काम नहीं कर रहा है।

पाँचेक मिनट बाद दोबारा ट्राई किया। फिर वही फ़्लैश 'बिजी'।

तिबारा ट्राई किया, दस एक मिनट बाद, लेकिन वही, यूजर बिजी।

सब बिजी हैं, सिवा मेरे। मन के किसी कोने से उभरता आक्रोश, मैंने फिर दबाया और स्वयं से ही बतियाने लगा।

"रमेश चन्द्र भी तो एक उभरता हुआ राजनेता है। फ़ोन पर या आमने–सामने भी, उसकी बातें लम्बी ही होती हैं। उसका तो टोटल गेम ही लम्बी बातों का है। तेरी मिस्ड कॉल उसके मोबाइल में भी। वो मुझे कॉल बैक ज़रूर करेगा। दुखी मत हो कपूर। किसी और को ट्राई कर। अपने दोस्तों को। ऐसा नहीं है कि सबने तेरी ओर से मुँह फेर रखा हो। सब की अपनी अलग दुनिया भले ही बस गयी है। मगर किसी ने तुझसे कन्नी नहीं काट रखी है। विश्वास कर।

अजय, अभय और तारा के नम्बर भी तो मेरे मोबाइल में सेव हैं। उन्हें ही फ़ोन करता हूँ। अजय को फ़ोन मिलाया तो नेटवर्क के

मशीनी मीठे नारी स्वर ने सूचित किया, ''सॉरी, अभी इस मोबाइल का स्विच ऑफ है। प्लीज़ ट्राई लेंटर।''

यह कॉल भी बेकार गयी।

कोई बात नहीं। उसका न सही अभय का ही नम्बर मिला लूँ।

"जी, दद्दू।" गनीमत है एक फ़ोन तो मिला।

"कैसे हो अभय?"

"मैं ठीक हूँ–आप कैसे हैं।"

"मैं भी ठीक हूँ।"

"सॉरी दद्दू अभी मैं अपनी क्लास में हूँ। बाद में फ़ोन करूँगा।''

मैं हड़बड़ा गया, झटके से मोबाइल बन्द किया, हाथ–पैरों में ठण्डक दौड़ गयी। सबको मैं बेकार ही डिस्टर्ब कर रहा हूँ।

उठकर, हौले से, चलकर फ्रिज के पास पहुँचा। मैंगो की ठण्डी बोतल निकाली, खोली, मुँह से लगाकर गटागट पीने लगा।

लौटकर पलँग के किनारे बैठ गया। कब तक बैठा रहा, पता नहीं। बुत की तरह ख़ामोश–स्थिर।

दो दिन तक कमलकिशोर का फ़ोन नहीं आया। तीसरे दिन फ़ोन आया, स्क्रीन पर पढ़ा। लिखा था, 'कमलकिशोर'।

वाह–वाह। बेटे ने कॉल बैक किया आख़िर।

कॉल ओ.के. करते हुए मैंने पूछा, "हाँ, कमल–कहाँ हो?"

"कहाँ हूँ? आपने क्या यही पूछने के लिए फ़ोन किया था"–आवाज़ में उसकी झुँझलाहट साफ़ झलक रही थी।

"नहीं–दो दिन तक तुमने फ़ोन नहीं किया–इसी कारण पूछ रहा था।"

"ठीक है। क्या बात है?"

"लगता है–ऑफ मूड में हो।"

"नहीं–नहीं मूड का क्या है। आप बोलिये–क्या कहना है।"

''अभी तुम हो कहाँ?''

''घर में ही हूँ।''

"ऐसा है कमल। अगर तुम मेरे कमरे में आ जाते तो आमने–सामने।"

"अच्छा, मैं आता हूँ–थोड़ी देर बाद।''

मोबाइल सिरहाने रखकर मैं चित लेट गया। सहसा महसूस किया–यूँ लेटे–लेटे तो वक़्त ही ज़ाया कर रहा हूँ।

झटके के साथ उठ बैठना चाहा, मगर उठा हौले से ही। अच्छा हुआ, जो याद आ गया था–अचानक उठता तो पीठ और कमर में कैसी टीस उठती।

सर पर सन्देह का भँवरा मँडराने लगा–क्या सचमुच आयेगा कमलकिशोर। एक ही घर में एक ही माले पर रहते हुए भी कई–कई दिनों तक बेटे का चेहरा नहीं दिखता है। आज आ रहा है तो चलो रमेश चन्द्र को भी यहीं बुला लूँ। बहुत दिनों बाद दोनों से मुलाक़ात होगी–रमेश के फ़ोन का इन्तज़ार क्यों करूँ–मैं ही दोबारा फ़ोन कर लेता हूँ।

वही किया।

लो। अभी–अभी तो नम्बर बिजी मिल रहा था। अभी स्विच ऑफ है।

क्या करूँ। अकेले बैठे–बैठे बोर हो रहा हूँ। क्या अपने कमरे से निकल कर फ्लैट के अन्दर जाऊँ, रमेश का दरवाज़ा खटखटाऊँ और झाँक कर पूछूँ, "कहाँ हो भाई।''

तुम्हीं को ढूँढ़ रहा हूँ। चलो गपशप करते हैं।

लेकिन दरवाज़ा खुलवाने की भी क्या ज़रूरत? महाराज, गोलू या राधे किसी को भी बुला कर पूछ सकता हूँ, घर में कौन–कौन है इस वक़्त?

हिश्श। नौकरों से क्या पूछना। बेहतर होगा रमेश की बीवी से ही पूछ लूँ, "क्यों चाँदनी तुम्हारे साहब कहाँ हैं अभी।''

मिलाऊँ घर की लैंड लाइन का नम्बर और पूछूँ।

नहीं, क्यों पूछूँ? रमेश को चाहिए था कि मुझे कॉल बैक करता। बजाय इसके उसने तो अपना मोबाइल ही स्विच ऑफ कर रखा है।

उन्हें मुझसे बात करने में दिलचस्पी नहीं है तो ज़बरन मैं क्यूँ लादूँ अपना बोझ।

ऐसी की तैसी कमलकिशोर और रमेश की। दुनिया में क्या अकेले वही हैं, जिनसे बात करूँ?

याद आ गयी...अनु। कॉलेज में होगी अभी। मुमकिन है, क्लास में न बैठी हो, कहीं बाहर ही हो। फिर वह तो मुझसे ख़ुशी–ख़ुशी बात करेगी।

मैं फिर अनु को मोबाइल मिलाता हूँ। मिलाता नहीं, मारता हूँ। नयी पीढ़ी की भाषा यही है।

अनु ने एक बार मुझसे कहा था, "जब भी जी चाहे दद्दू। आप मुझे फ़ोन कर सकते हैं।

यूरोप से लौटने के बाद अनु के बोलने के ढंग में तेज़ी से फ़र्क़ आया है। मुमकिन है यह फ़र्क़ यूरोप टूर से पहले ही आ चुका हो। क्योंकि अक्सर जब कॉलेज के लड़के–लड़कियों को बोलता सुनता हूँ–तो अक्सर तो समझ में ही नहीं आता कि वह क्या कह रहे हैं। शब्द निरर्थक जो मुझे लगते हैं, उनकी ज़बान से फिसलते हुए चले जाते हैं।

अभी उसी दिन एक लड़का दूसरे से कह रहा था, "यार आजकल BT चल रही है। TP कर रहा हूँ।" हूँ BRO अब इस शॉर्ट कट भाषा का सिर–पैर क्या कुछ समझ में नहीं आया।

एक बार सोचा, शायद कोई नये कोर्स हैं जो कैम्पस में शुरू हुए हैं। फिर सोचा, पूछ कर क्यों अपनी अनभिज्ञता ज़ाहिर करूँ।

किन्तु फिर चैन नहीं आया–हम बूढ़ों की एक ही ख़राब आदत है। हर चीज़ के पीछे ही पड़ जाते हैं–सो पूछ ही लिया। भाई, यह BT, TP, BRO क्या है? उसने ऐसे आश्चर्य से मेरी ओर देखा जैसे कि मैं कोई अजब प्राणी हूँ। जाने किस लोक से आया हूँ, जो इन शब्दों के मतलब नहीं समझता हूँ। और तब उसने जो जवाब दिया उससे मालूम पड़ा–BT माने बैड टाइम, TP माने टाइम पास करना और BRO माने ब्रदर।

वाह भई! शॉर्ट कट संस्कृति, शॉर्ट कट फ़ैशन–शॉर्ट कट ड्रेसेज और अब भाषा भी 'शॉर्ट कट'।

अनु की बोली का फ़र्क़ अब समझ में आया–पहले वह मुझसे बड़ी सावधानी से बात करती थी–अब वही सावधानी कम हो गयी है और अन्तर समझ में आने लगा है।

तो मैंने भी अनुष्का को फ़ोन किया नहीं।

...मारा।

कॉल जाने लगी।

गनीमत है अनुष्का ने कॉल को कट नहीं किया।

"हाँ दद्दू। कहिए।"

एकाएक मुझे सूझा नहीं क्या कहूँ। कुछ कहने के लिए थोड़ा ही फ़ोन मिलाया था–वह तो बोर हो रहा था इसलिए....ज़बान लड़खड़ा गयी....अ...बस, ऐसे ही। तभी कुछ आवाज़ें आती सुनाई दीं, जिन्होंने मुझे हैरत में डाल दिया। अनुष्का ज़ोरों से हँस रही थी। और वो अकेले नहीं थी। तरह–तरह की खिलखिलाहटें....बारीक़ और मोटी–शायद लड़कियों के साथ लड़के भी थे–सब दीवानों की तरह खी–खी करते हुए। कुछ ठहाकों को मैं अलग से पहचान रहा था।

"सॉरी अनु, शायद मैंने ग़लत मौक़े पर...।

"नहीं दद्दू कहिए। मैं बस ज़रा...अनु अपना वाक्य पूरा न कर सकी। एक बार वह फिर तेज़ ठहाकों में डूब गयी।

"मैं बन्द करता हूँ मोबाइल।"

"नहीं...वो क्या है...किसी ने अभी–अभी एक ऐसा जोक मारा है कि हम सबके सब...ओ माय गॉड। सॉरी दद्दू आई कांट टाक जस्ट नाऊ।"

और अनु ने कनेक्शन काट दिया।

मोबाइल मेरे हाथ से छूट गया है। पड़ा है, फ़र्श पर, मुर्दा चूहे जैसा। झुक कर उठाऊँगा नहीं, तो पैरों में आयेगा।

...मगर झुकने की ताक़त कहाँ से लाऊँ?

ज़बरन झुका तो, उठ नहीं सकूँगा। ऐसा गिरूँगा कि पड़ा रह जाऊँगा।

ऐसा लगा जैसे चारों तरफ़ असंख्य अदृश्य चमगादड़ फड़फड़ा कर उड़ रहे हैं। टकरा रहे हैं मेरे चेहरे पर...खामोश, लिजलिजे थप्पड़ों की तरह...बार–बार, लगातार....

गूंज रहा है किन्हीं प्रेतों का हास्य...हा–हा–हा। खी...खी...खी आपस में धौल धप्पा करते, अश्लील चुटकुले सुनाते, खीसें निपोरते प्रेत...ठहाकों के बोझ से दोहरे हो–हो... कर थूक उड़ाते प्रेत...

वह रही अनु...मेरी अपनी अनु, इन्हीं प्रेतों के बीच! ठहाके लगाती ...थूक उड़ाती, लोट–पोट होती...नौजवान छोरे–छोरियों के बीच। तुझे क्या पता...इसी में छिपी है यौवन की वह आँधी, जो किसी के रोके नहीं रुकती और इसी में से झाँक रहा है वह ठेंगा, जो सारे समाज को, पुरानी परम्पराओं, मान्यताओं, मर्यादाओं को दिखा रहा है।

दस

सिवा गोलू के, पिछले तीन दिनों से, किसी ने मुझसे बात नहीं की है। न तो आमने–सामने, न मोबाइल पर...

गोलू मेरा रिश्तेदार या दोस्त तो है नहीं। अन्ततः वह इस घर का नौकर ही तो है। मुझसे क्या और कितनी बात कर सकता है। सुबह चाय–नाश्ता लेकर आता है तो ज़रा बतियाता है। दोपहर और रात का भोजन भी मेरे कमरे में वही पहुँचाता है। उस वक़्त थोड़ा बोल–बतिया लेते हैं। "कैसे हैं दादा जी।" उसका यह प्रिय वाक्य है, जिससे वह शुरू करता है।

बेशक हमेशा मुस्कराता रहेगा, लेकिन मुस्कराना उसकी ड्यूटी है। कभी दिल से भी मुस्कराता है, तो भी यही लगता है कि वह ड्यूटी पर है।

मेरे सिरहाने कॉलबेल लगी है। जब चाहूँ–दबा सकता हूँ। फ़्लैट के अन्दर घण्टी बज जाती है। कोई–न–कोई नौकर फ़ौरन हाज़िर हो जाता है। अक्सर तो गोलू ही आता है। राधे और महराज तभी आयेंगे, जब उन्हीं को बुलाऊँ। तीनों नौकर पहले से ज़्यादा बिज़ी हो गये हैं। एकाध बार गपशप के इरादे से बुला कर बैठाने की कोशिश की, तो अकुलाने लगे, बार–बार बैठने का पोस्चर बदलने लगे, जम्हाइयाँ लेने लगे। मैंने ही उन्हें जाने के लिए कह दिया।

न घर के मालिकों के पास वक़्त है, न नौकरों के पास। फिर मैं अपना दिल किससे बहलाऊँ।

लाफ्टर क्लब के संगी–साथी कभी–कभार कमरे में आकर बैठ जाते हैं। मैंने ही उन्हें लिफ्ट नहीं दी। उन्होंने भी इशारा समझ लिया, अब नहीं आते। उनके पास एक ही ढर्रे की बातें हुआ करती थीं...कि बेटे बहुएँ, उन्हें ठीक से नहीं रखते। ऐसी बातें कर–कर के उन्होंने मुझे बिल्कुल पका दिया था। वे संगी–साथी अब केवल सुबह के वक़्त मिलते हैं, जब मैं स्वयं लाफ्टर क्लब पहुँचता हूँ।

कमलकिशोर ने उस दिन कहा था कि दो घण्टों बाद ख़ुद आयेगा मिलने। नहीं आया। फ़ोन भी नहीं किया कि नहीं आ रहा है।

रमेश चन्द्र ने भी कॉल बैक नहीं किया। ऐसा तो है नहीं कि उसने अपनी मिस्ड कॉल देखी ही न हो। पोलिटिकल आदमी है। ऊँची से ऊँची हस्तियों के बीच उठता–बैठता है। उनके फ़ोन आते रहते हैं। मिस्ड कॉल दे चुके किसी वी.आई.पी. को कॉल बैक न करना रमेश चन्द्र अफोर्ड कर ही नहीं सकता। और उसका बाप? वह कोई वी. आई. पी. तो है नहीं–नहीं किया कॉल बैक तो क्या उखाड़ लेगा।

छोरे–छोरियों के साथ मस्ती भरे अन्दाज़ में अनु को मैंने स्वयं पकड़ा था, मोबाइल की कृपा से। और ऐसा एक बार नहीं हुआ था–ठहाकों की झोंक में तैरते उनके अश्लील चुटकुलों की भनक भी कई बार मेरे कानों में पड़ चुकी थी।

उसे समझ में तो आ ही गया होगा कि उसके दोस्तों को, उसकी इतनी खुली आज़ादी को मैं पसन्द नहीं करता। शायद इसी कारण इन दिनों वह मेरे सामने आने से बच रही है।

तीन दिन हो गये। अनु को देखे बग़ैर। कब तक वह मेरे सामने नहीं आयेगी। जब भी आयेगी, पहला सवाल मैं उससे क्या पूछूँगा कुछ नहीं।

हाँ, मंगला। मैंने यही फ़ैसला कर रखा है। कुछ नहीं पूछूँगा यही पोज करूँगा कि बिल्कुल बुद्धू हूँ मैं। कुछ समझा ही नहीं हूँ। इस कड़वी सचाई को कबूल करना ही होगा कि मेरे लाड़–दुलार के बदले

उसने मुझे जो इज़्ज़त–आदर दिया है, वह तब तक ही है, जब तक मैं उसके व्यक्तिगत मामलों में दखल न दूँ। वैसे भी, लड़की की जात परायी। सगी बेटी के साथ भी मोह–माया नहीं रखनी चाहिए, अनु तो पोती है। जो सगी बेटी थी...कमबख़्त तारा...उसने जो किया–उसकी करतूत अभी तक भूल नहीं सका हूँ–कई बार सोचता हूँ उस घटना को भूल जाऊँ पर फाँस जो एक बार पड़ जाती है, उसे कौन निकाल सकता है। एक बार जो धँस जाती है उसे निकालने की कितनी भी कोशिश करो वह अन्दर तक धँसती जाती है।

सगी बेटी पर भी क़ाबू नहीं रख सका, तो पोती पर क्या रखूँगा। असम्भव को असम्भव के रूप में ही स्वीकार कर लेना चाहिए। भलाई इसी में है। मेच्योरिटी भी इसी में है।

पहला स्टेप इसके सिवा और क्या हो सकता है कि मैं अनु के किसी भी मामले में दखल न दूँ। उसने सही कहा था, उसकी ज़िन्दगी उसकी है। जैसे चाहेगी वैसे जीयेगी।

लेकिन मंगला, कुछ फ़ैसले ऐसे होते हैं जो ले तो आसानी से लिए जाते हैं किन्तु उन्हीं पर जब अमल करने का मौक़ा आता है...

मैंने यह तय अवश्य किया है कि अनु के मामले में किसी भी प्रकार का दखल नहीं दूँगा।

लेकिन।

ठीक है देखता हूँ–क्या होता है।

रागनी से माफ़ी माँग चुका हूँ मगर आजकल वो भी नहीं आती है। कहीं दिखाई ही नहीं पड़ती। शायद अब भी नाराज़ है। नाराज़ है तो होती रहे। अब और क्या कर सकता हूँ। क्या उसके पैरों पर गिर कर गिड़गिड़ाऊँ।

कमलकिशोर के सामने भी गिड़गिड़ाया थोड़े ही था। यही तो कहा था कि वह अपने बेशक़ीमती समय में से कुछ समय–कुछ मिनट मेरे लिए निकाले, ताकि मैं उसे बता सकूँ कि मुझे उसकी कितनी फ़िक्र है। मैं उसका बाप हूँ बाप। गिड़गिड़ाऊँ या ऑर्डर दूँ।

अब तक तो मैंने कुछ ज़्यादा ही झुक कर बातें की हैं। यह भी शायद बहुत ग़लत किया है।

कागज़ निकालकर मैंने लिखना शुरू किया–

"कमल! आज हर हाल में तुम मेरे लिए कुछ वक़्त निकालोगे। तुम अच्छी तरह जानते हो, मुझे तुम से कुछ बात करनी है।

तुम्हारा डैड"

लिख तो लिया किन्तु जानती हो मंगला। फिर मैंने क्या किया। मैंने सिर्फ़ इतना किया कि कागज़ को हमेशा की तरह टुकड़े–टुकड़े कर रद्दी की टोकरी में डाल दिया। यही होता रहा है सदैव। जब कभी भी अपनों के व्यवहार से मन दुखित हो उठा है–अपनी भड़ास कागज़ के चन्द टुकड़ों पर लकीरों के माध्यम से उतारी है और फिर उन्हें इसी प्रकार कूड़े की टोकरी में डाल दिया है। हिम्मत नहीं जुटा पाया हूँ उन्हें भेजने की। यह सोचकर रुक गया हूँ कि बेकार की बदमजगी होगी। फिर तुम बोलोगी–लिखता ही क्यों हूँ ऐसी बातें।

वह इसलिए मंगला कि ऐसा करके मैं अपना मन हल्का कर लेता हूँ। मेरे आक्रोश को ठण्डे बस्ते में पनाह मिल जाती है।

पर आज मैंने फिर दूसरी चिट्ठी लिखी, जो इस प्रकार थी–

"मेरे अपने कमलकिशोर।

तुमने नयी गाड़ी ली है। सबकी तरह मुझे भी बड़ी ख़ुशी हुई। एक बार बहुत–बहुत बधाई। मेरी इच्छा है कि तुम मुझे अपनी इस नयी बुलेट प्रूफ़ गाड़ी में बिठा कर घुमाने ले जाओ। मैं तुम से कुछ पर्सनल बातें भी करना चाहता हूँ। मैं नहीं चाहता कि वे बातें तुम्हारे ड्राइवर के कानों तक पहुँचें। गाड़ी तुम चलाओगे तो ज़ाहिर है कि गाड़ी में तुम्हारे और मेरे सिवा तीसरा और कोई नहीं रहेगा। यूँ एक पन्थ, दो काज हो जायेंगे। सैर की सैर और बातों की बातें। बोलो, कब?

मैं बेताबी से इन्तज़ार कर रहा हूँ।

तुम्हारा अपना डैड"

इस पत्र को भी जब लिफ़ाफ़े में डाल कर गोंद से बन्द कर रहा था, तब लगातार भयभीत था कि कहीं इसके भी टुकड़े–टुकड़े कर रद्दी की टोकरी में न डाल दूँ।

सचमुच ऐसा कर बैठता, उससे पहले ही मैंने सिरहाने लगी कॉल–बेल दबा दी। गोलू तपाक से हाज़िर हो गया। जी, दादा जी, उसने पूछा।

"जाओ, बड़े साहब को इस चिट्ठी को अभी दे आओ, इसी समय।"

फलस्वरूप...

अगले ही दिन, लंच के बाद, मैं और कमलकिशोर उस लम्बी बुलेट प्रूफ़ गाड़ी में बैठे हुए थे जिसे कमल स्वयं चला रहा था–कार में हम दो के सिवा तीसरा कोई नहीं था।

"क्या डैडी। आप अभी भी अपने बैंकिंग के पुराने दिनों में जी रहे हैं।"

"नहीं तो।"

"अच्छा...वो चिट–कागज़ का वह टुकड़ा मुझे उस मेमो जैसा लगा जो आप अपने असिस्टेंट्स के नाम से ऐसे ही चपरासी से भेजते होंगे।"

"अच्छा...वो चिट तुम्हें मेमो जैसी लगी।"

"गोलू ने क्या सोचा होगा...कि आपने मुझसे सीधी बात न करके चिट भिजवायी।"

अब मैं उससे क्या कहता–नौकर ने क्या सोचा, समझा, इसकी अहमियत सोचने की बात तो मन में आयी–उसके। यह बात उसने क्यों नहीं सोची, कि आमने–सामने बैठकर दो मिनट भी बात न करने की वेदना क्या होती होगी।

"एनी वे...आपके मन की मुराद पूरी हो रही है–मेरी नयी गाड़ी में मेरे साथ अकेले बैठे सैर कर रहे हैं आप।"

"हाँ, मुझे बहुत अच्छा लग रहा है कमल।"

"गाड़ी को मैं आरे मिल्क कॉलोनी की तरफ़ लेता हूँ। उधर की सड़कें लम्बी हैं और सूनी भी रहती हैं। नो ट्रैफ़िक! नो पोल्यूशन। आराम से सैर करेंगे।"

"ठीक है।"

"देखिए, गाड़ी में यहाँ नेविगेटर लगा है। एक तरह का कम्प्यूटर ही समझिए। इसके छोटे से स्क्रीन में ढेर सारी इन्फॉर्मेशन चमक रही हैं। मसलन, सामने या आसपास कहीं ट्रैफिक जाम है या नहीं और अगर है तो हम कौन–सा दूसरा रास्ता पकड़ें। यह देखिए। यहाँ जाम है। इधर की सड़कों का पूरा नक़्शा हमारे पास है। कहीं ट्रैफ़िक जाम का इंडिकेशन नहीं है। जिधर चाहें जायें, नो रिस्क। केवल इधर की नहीं पूरे शहर की सड़कों की जाँच एकमुश्त हो सकती है।"

नेविगेटर को लेकर कुछ पढ़ा तो था। देख पहली बार रहा हूँ। क्या–क्या चमत्कारी चीज़ें ईजाद कर रखी हैं इन्सान ने।

"सो तो है।"

"कमल, सुना है। यह गाड़ी बहुत महँगी है।"

"हाँ, महँगी तो है पर वैसे तमाम बुलेट प्रूफ़ गाड़ियाँ महँगी तो होती ही हैं।"

"बहुत ज़रूरी था इतनी महँगी गाड़ी ख़रीदना। क्या कोई ख़ास कारण था।"

"..."

"चुप क्यों हो कमल।"

"सोच रहा हूँ, क्या कहूँ।"

"अगर बहुत ज़रूरी था, तो...क्या मैं पूछ सकता हूँ उतना ज़रूरी क्या था?"

"मुझे ज़रूरी लगा।"

"केवल अपनी इ़ज़्ज़त और साख बढ़ाने के लिए।"

"नहीं, कुछ और भी था।"

"मैं उसी कुछ और के बारे में जानना चाहता हूँ।"

"मगर क्यों?''

"कमल, बुलेट प्रूफ़ कार का मतलब यही है कि तुम्हें ख़तरा है"—मैंने अपना डर व्यक्त किया।

"ऐसा नहीं है।"

"लेकिन मुझे तो लग रहा है कि सच यही है।'' मैंने शंकित होकर फिर पूछा।

"ओह नो डैड। बुलेट शुलेट का ऐसा कोई ख़तरा नहीं है। जैसा आप सोच रहे हैं। कम–से–कम इस वक़्त तो नहीं। दरअसल, अपनी ओर से मान कर, चल रहा हूँ...कि आज नहीं तो कल धमकियाँ ज़रूर मिलेंगी। कंस्ट्रक्शन का मेरा बिज़नेस इतनी तेज़ी से एक्सपैंड हो रहा है कि...भाई लोगों की नज़रों से कब तक बचा रहूँगा। जैसी देश की हालत है—कभी न कभी ब्लैक मेलिंग का शिकार हो सकता हूँ। 'प्रिवेंशन इज़ आलवेज बेटर देन क्योर, बस इतनी–सी बात है। लिहाजा मैंने सेफ्टी का इन्तज़ाम ज़रा–सा कर लिया और कुछ नहीं।''

"कुछ छिपा तो नहीं रहे हो।"

"बिल्कुल नहीं ! कुछ हो तो छिपाऊँ। कुछ भी ऐसा वैसा नहीं है। एनी वे... थैंक यू वेरी मच...for your concern."

"कंसर्न कैसे नहीं होगा। आख़िर तुम मेरे बेटे हो।''

कुछ देर हमारे बीच चुप्पी रही फिर मैंने ही साहस बटोर कर कहा, "चलो ठीक है...! ऐसा है कमल, इन दिनों मुझे बहुत अकेला–सा लग रहा है।"

"आई अंडर स्टैंड—माँ नहीं हैं—न इसलिए। बताइए, मैं आपके लिए क्या कर सकता हूँ।"

"दसएक मिनट आ नहीं सकते? रोज़? मिलने के लिए।''

"हम सब साथ ही तो रहते हैं। आप जब चाहें बुला सकते हैं।''

"बुलाता हूँ, तो भी तुम आते कहाँ हो!"

"क्यों अभी आया नहीं हूँ। क्या हम साथ नहीं हैं, एक ही गाड़ी में।''

"हैं तो लेकिन इसके लिए इतना इन्तज़ार करना पड़ गया कि..."

"तो क्या मैं सब काम धाम–छोड़ कर दौड़ा चला आता"–कमल ने थोड़ा गर्मी से कहा।

"...मैं क्या कहता... कुछ बोल न सका।

"सॉरी डैड। आगे से सावधान रहूँगा कि आइन्दा ऐसा न हो।''

मैं कुछ बोला नहीं–उसी ने फिर कहा। "बुरा मान गये।''

नहीं, समझने की कोशिश कर रहा हूँ। शायद मैंने ही ग़लत उम्मीदें लगा रखी हैं।''

"नहीं डैड। लेकिन छोड़िए। एंजॉय द राइड। जैसे मक्खन पर छुरी चले वैसे ही यह गाड़ी हर रास्ते पर चल सकती है। हम गोरे गाँव पहुँच गये हैं, आगे आरे कॉलोनी का जंगल है।''

"सुनो, याद आया...मेरी कमर थोड़ी कमज़ोर हो गयी है। बहुत दर्द होता है जोड़ों में भी।"

"क्यों फिजियोथेरेपिस्ट नहीं आता?"

"आता है मालिश, सेंक, कसरतें दवाएँ सब रेगुलरी चल रही है... ।"

"डैड। आप बहुत लकी हैं इतनी उमर के बावजूद सभी रोगों से बचे हुए हैं। घुटनों और कमर की प्रॉब्लम मेरे ध्यान में हैं...बट...वन हैज टू लिव विद इट।''

"हाँ मैं भी समझता हूँ। फिकर मुझे आज की नहीं कल की है। अभी तो हाथ–पैर चल रहे हैं। कल जब नहीं चलेंगे..."

"तब भी...जो भी बेस्ट हो सकेगा, किया जायेगा।"

"मैं जानता हूँ। तुम अपनी ज़िम्मेदारी समझते हो मुझे ज़रा भी सन्देह नहीं है। पर पिछले कई हफ़्तों से मैं तुमसे एक और बात कहना चाहता था। उसका भी मुझ पर बहुत प्रेशर है।"

"कहिए न।"

"मैं तुम्हारी बेटी मतलब अनु के बारे में–पता नहीं क्यों...कुछ खटक सा महसूस करता हूँ।"

"ऐसा क्या हुआ?"

"साबित मैं कुछ नहीं कर सकता लेकिन मुझे..."

"रिलेक्स डैड। अनु इज़ फाइन।"

"जब से वह यूरोप से लौटी है...।"

"मैंने कहा न रिलेक्स...।"

"जिस तरह वह ज़बरदस्ती यूरोप गयी थी–जवान लड़कों के साथ...तुम्हें भी अच्छा नहीं लगा था।"

"आपको कैसे मालूम कि मुझे अच्छा नहीं लगा था।"

"तुम्हारे रोकने के बाद बेटी रुकी क्यों नहीं?"

"क्योंकि मैंने...या इला ने बहुर ज़ोर देकर कुछ कहा नहीं। इतना ज़रूर जता दिया कि हमें ठीक नहीं लग रहा, मगर आख़री फ़ैसला उसी पर छोड़ दिया। आजकल यही करना पड़ता है। सब यही कर रहे हैं।"

"सब की नहीं, अपनी कहो। अनु के माता–पिता की हैसियत से तुम्हें...और इला को चाहिए था कि..."

"लुक डैड नये ज़माने को समझिए। आप जिस जनरेशन के हैं... अनु उस जनरेशन की नहीं है।"

"कुछ बेसिक बातें ऐसी होती हैं, जो कभी नहीं बदलतीं–जनरेशन चाहे जो हो।"

"ऐसा नहीं है डैड। जनरेशन बदलते ही बातें इतनी बदल जाती हैं कि..."

"क्या बातें इतनी बदल सकती हैं कि सही ग़लत हो जाये और ग़लत सही हो जाये।"

"ऐसा ही हो रहा है डैड।"

"हो रहा है क्योंकि हम होने दे रहे हैं।"

"अच्छा, तो आप बताइए। आप मेरी जगह होते, तो क्या करते। क्या उसको रोक पाते।"

"क्यों नहीं, हर हालत में रोक लेता।"

"मगर कैसे? रस्सों से बाँध कर रखते।"

"अगर मैं होता न उसका बाप, तो यह भी करता।"

"माफ़ कीजिएगा डैड। क्या आप दीदी को रोक सके थे। वह तो आपकी अपनी ही बेटी थी। और है।"

".... ...."

"क्या आप उनको रस्सों से बाँध कर रख सके?"

".... ...."

"अगर आप सोचते हैं, डैड कि आपकी ख़ामोशी से मुझे जवाब मिल जायेगा, तो यह सही नहीं है।"

"मैं जानता हूँ कमल, लेकिन जो हो चुका वह हो चुका यहाँ मैं अपनी हार कबूल करता हूँ।"

"तो मैं भी अनुष्का को न रोक पाने के लिए अपनी हार कबूल करता हूँ।''

"लुक डैड। यूँ बहस करने का कोई मतलब नहीं। मैंने और इला ने अनु को समझाने की कितनी कोशिश की थी...मैं ही जानता हूँ। लेकिन जब दिखाई पड़ गया कि सब बेकार है तो छोड़ दी कोशिश।"

"छोड़ दी। क्योंकि ज़्यादा कोशिश करते तो ज़्यादा वक़्त देना पड़ता। और वक़्त तुम्हारे पास है नहीं। वक़्त इला के पास भी नहीं है। तुम दीवानों की तरह रुपया कमाने में लगे हो और तुम्हारी बीवी फ़िल्मी चक्करों में मगन है।"

"आप भी बात को कहाँ से कहाँ ले गये।"

"बात जब चलती है, इसी तरह पलती है। क्या इला ने तुम्हारा पैसा फ़िल्मों में नहीं लगाया है। क्या वह लगातार इन्हीं चक्करों में नहीं डूबी रहती।"

"पहले डिसाइड करिए, डैड। आपको शिकायत किससे है। मुझसे? मेरी बीवी से? या अनुष्का से।''

"शिकायत नहीं, मुझे किसी से कोई शिकायत नहीं। मुझे सिर्फ़ फ़िक्र है तुम्हारी।"

"बेवजह फ़िक्र का क्या इलाज। मेरी एक बात मानिएगा?"

"एक नहीं हजार बातें मानूँगा।"

"फ़िलहाल सिर्फ़ एक ही बात मानिए। एंजॉय द राइड। सावधान। मैं स्पीड बढ़ा रहा हूँ। सी द मैजिक।"

"सुनो कमल।"

लेकिन मेरी आवाज़ उसके कानों तक पहुँची ही नहीं। हॉर्न और एक्सीलरेटर उसने साथ--साथ दबा दिये थे। कार ने झपटना शुरू किया और वो अकेली नहीं थी जो झपट रही थी। तीखी चीत्कार करता उसका हॉर्न उससे भी आगे–आगे था। हॉर्न की चिंघाड़ जारी रही क्योंकि कार भी अपनी तेज़ी की स्पीड पर लगातार बढ़ रही थी।

कमलकिशोर की आँखें वहशी ढंग से चमकने लगी थीं। मुस्कराते होंठों के बीच उसके दाँत भी चमक रहे थे। दस सेकेंड कब के बीत चुके थे, गाड़ी भी अस्सी की स्पीड कब की पार कर चुकी थी। नाराज़गी के बावजूद एप्रिशिएट करना ही पड़ा। वाह, क्या गाड़ी है। कितनी स्मूथ। इंजन और एयर कंडीशनर कितने साइलेंट।

चश्मा नाक के नीचे उतर आया था। मैंने उसे ऊपर लिया। मैं कार के रंगीन शीशों के आर–पार देखने लगा। कैसे फर्राटे से फिसल रही थी दुनिया। आरे कालोनी के हरे–भरे सूने जंगल के बीच से झपट्टा मार रही कार। तमाम पेड़, पौधे, झाड़–झंखाड़ अपनी पहचान खो चुके थे। साँय–साँय करते पेड़ उड़े जा रहे थे।

"हियर वी आर। देखिए डैड। सामने दूर तक...सड़क कितनी सीधी है। ख़ाली भी है। मैं स्पीड बढ़ाता हूँ।"

"नहीं कमल। हम शहर के अन्दर हैं।"

"तो क्या?"

"कभी पुणे हाई–वे पर चलेंगे तो गाड़ी भगाना। यहाँ नहीं कमल, प्लीज़।"

स्पीड 95 को पार करने लगी।

"देखो–किसी ने अचानक क्रॉस कर लिया तो..."

"डरते क्यों हैं। इंज्वाय।"

"कमल। वो कुत्ता।"

मैं ठीक से बोल भी नहीं पाया था कि यकायक सामने ही दिखाई दिया वह कुत्ता टकरा कर हवा में उछल गया–बोनेट पर रगड़ खाता, पक्षी की तरह उड़ा, मेरी बायीं ओर से, वो तोप के गोले की तरह आँखों से ओझल हो गया।

मैं अकबका गया। गर्दन मोड़कर मैंने पीछे देखा। पुलिन्दे–जैसा वो कुत्ता अधर में गुलाटी खा रहा था। सड़क पर गिरते ही उसकी आकृति सिकुड़कर छोटी हो गयी। कार और उसके बीच का फ़ासला इतना बढ़ चुका था कि उसकी चीखें भी नहीं सुनाई दीं।

हे भगवान! यह क्या हुआ?

"कमल। गाड़ी रोको।"

"कोई मतलब नहीं है।"

"अरे, लेकिन वो कुत्ता।"

"वो ख़त्म हो चुका है डैड।"

''नहीं वह ज़िन्दा है, तड़प रहा है।"

"हम इतना आगे निकल आये हैं। और वो ख़ाली एक कुत्ता ही तो था। वैसे भी वह अब तक ख़त्म हो चुका होगा।

"नहीं वह ज़िन्दा है।"

"रोको, वापस चलो। कुत्ते को हॉस्पिटल..."

"ओह नो। मैं आपको सैर कराने लाया हूँ, न कि..."

''.... ...."

"सुनो कमल, मुझे उल्टी–सी..."

"ओ शिट।"

कमल ने कस कर ब्रेक लगा दिया। कार ने झूम कर सड़क का किनारा पकड़ना चाहा। मेरा मुँह खुल चुका था। सीने में घुमड़ते भभके को मैं किसी–न–किसी तरह रोकने की कोशिश कर रहा था।

गन्दगी कहीं मेरी गोद में ही न गिर पड़े। इसके लिए मैं आगे झुक गया। गाड़ी किनारे लग कर जड़ हो चुकी थी।

"ओह, डैड। यह आपने क्या किया?"

मेरी कनपटियाँ धपधप कर रही थीं। दोनों कानों में जैसे सीसा उतर रहा हो। "यह आपने क्या किया? क्या किया।"

गिड़गिड़ाती नज़र से मैंने कमल की ओर देखा। कैसी लाल हो गयी थीं उसकी आँखें।

"चौपट करके रख दी इतनी बेहतरीन गाड़ी।"

"सॉरी कमल।"

"व्हाट सॉरी?"

".... ...."

"चलिए, उतरिए।"

इसके साथ ही मेरी तरफ़ का दरवाज़ा क्लिक की हल्की आवाज़ के साथ खुल गया। मैंने दरवाज़े को ठेल कर पूरा खोल दिया। कार से मैं निकल ही रहा था कि कमलकिशोर ने रोका।

"यह लीजिए।"

उसने पानी की बोतल मेरी ओर बढ़ा दी थी।

"कुल्ला कर लीजिए।"

बोतल थाम कर मैं बायीं ओर से उतर पड़ा। चारएक क़दम परे हट कर मैंने अच्छी तरह कुल्ला किया, मुँह पर पानी छिड़का। तब तक कमलकिशोर भी कार से निकल आया था। बोनेट के आगे से बढ़कर मुझसे कुछ दूर खड़ा था। मैंने अपनी चप्पलों पर पानी गिराया, ताकि गन्दगी बह कर निकल जाये। एक बार फिर चश्मा उतार कर उसके शीशे पोंछे और रुमाल से मुँह और चश्मे के शीशे दोनों पोंछ लिए। बोतल का पानी आधा ख़त्म हो गया था। बाकी पानी मुँह से लगा कर गट–गट पीने लगा।

"ऐसा करिए, आप यहीं से घर चले जाइए–घर पास ही है।" मैंने कमलकिशोर को कहते सुना, "इधर से रिक्शा, टेम्पो, टैक्सी वग़ैरह गुज़रते रहते हैं, दसेक मिनट इन्तज़ार करना पड़ सकता है। लेकिन मिल जायेगा, कुछ–न–कुछ।"

मैं चुप रहा।

"ठीक है। चला जाऊँगा।'' मैंने हौले से कहा।

"गाड़ी की सफ़ाई करनी पड़ेगी। इसमें वक़्त लगेगा। आगे कोई गराज है तो सही। कहाँ है ठीक से पता नहीं। खोजना पड़ेगा। सारा शिड्यूल गड़बड़ा गया। किसी इम्पोर्टेंट मीटिंग में जाना था। बहरहाल...आपके पास पैसे तो हैं न?"

सुनते ही मैं सन्न रह गया। कमलकिशोर की गाड़ी में मैं कुछ ज़्यादा ही तसल्ली के साथ आ बैठा था। पर्स नहीं लिया था। आई–कार्ड भी नहीं। अरे अपने बेटे के साथ हूँ। क्या पर्स रखूँ और क्या आई–कार्ड। लेकिन अब अहसास हुआ। आई–कार्ड न सही, पर्स ज़रूर रखना चाहिए था।

मेरी आँखें शर्म से झुक गयीं "नहीं, पर्स तो नहीं है...मैंने दरअसल, सोचा भी नहीं था, ऐसा हो जायेगा।"

"कोई बात नहीं। इतना कैश रख लीजिए।" कहते हुए कमल ने कुछ नोट निकाले। सौ–सौ के नोट थे। उन्हें मेरे कुरते की जेब में सरका कर उसने आगे कहा, "कैसे भी घर पहुँच जाइयेगा।"

"ओ.के.।"

"मैं चलता हूँ।"

कमलकिशोर कार की ओर लौटने लगा। मैंने साफ़ देखा, वो बुरी तरह खीझा हुआ था। गनीमत थी–पर्स और आई–कार्ड की तरह मैं अपना चश्मा कमरे में नहीं छोड़ आया था। छोड़ आता, तो इतने साफ़–साफ़ कमलकिशोर के चेहरे के एक्सप्रेशन कैसे देख पाता।

बोनेट की ओर से घूम कर कमलकिशोर स्टीयरिंग के सामने आ बैठा। कार का दरवाज़ा उसने कुछ ज़्यादा ही ज़ोर से बन्द किया।

यह एक तरह का थप्पड़ ही था जो उसने मुझे मारा। दस सेकेंड में अस्सी की स्पीड पकड़ती अपनी गाड़ी को वह सौ की स्पीड से भगा ले गया।

मैं आरे कॉलोनी के दूसरे छोर बियाबान में बिल्कुल अकेले खड़ा रह गया। ज़िन्दगी में ऐसा जो विचित्र अचानक घटा है, इसने मुझे हमेशा स्तब्ध किया है।

कुदरत का आख़िर कौन–सा प्रयोजन है, कौन–सा सन्तुलन कि सारे तर्क–वितर्क अचानक समाप्त हो जायें–न्याय–अन्याय की कोई सत्ता ही न रहे–सिर्फ़ इसलिए कि अचानक विचित्र घट सके।

बैंक में आप सिर्फ़ चेक जमा कराने आये हैं। अचानक डाका पड़ता है। गोलियाँ चलती हैं। आप ख़त्म हो जाते हैं।

बस स्टॉप पर कोई युवती खड़ी है। अचानक एक लड़का–या पुरुष आता है। उस पर तेज़ाब फेंकता है। युवती का पूरा चेहरा झुलस जाता है। बाद में पता चलता है, तेज़ाब किसी और ही युवती पर फेंकने के लिए था। बदमाश ने पहचानने में या तो ग़लती कर दी या फिर हाथ की चूक हो गयी। तेज़ाब पड़ गया इस दूसरी युवती पर।...

रशियन सर्कस, मुम्बई आया था, करोड़ों का ताम–झाम लेकर। हर कर्मचारी की, हर जानवर का, सामान का बीमा कराया हुआ था। अचानक एक रात प्रचण्ड आग लग जाती है। आदमी बच निकलते हैं किसी तरह, बाकी सब स्वाहा, करोड़ों का सामान, जानवर...यहाँ तक की बीमा भी स्वाहा। क्योंकि बीमे की क़िस्त जमा करने की आख़री तारीख़ सिर्फ़ एक दिन पहले निकल चुकी थी।

सिर्फ़ एक दिन। इतना अटल, इतना निर्णायक, इतना नामाकूल एक दिन...कि पूरी ज़िन्दगी की चूलें हिल जायें–

उस वक़्त...

अब मैं आरे कालोनी के बियाबान में निपट अकेला खड़ा था।

वही अटल, निर्णायक और नामाकूल एक दिन मुझसे रू–ब–रू होने की तैयारी में था और मुझे कुछ मालूम ही नहीं था।

यह ठीक है कि मेरे साथ उतना विकट नहीं हुआ, जितना उन सर्कस वालों के साथ हुआ था या बस स्टॉप पर खड़ी उस युवती के साथ हुआ था, लेकिन जो भी और जैसा भी हुआ उस दिन...उसका अन्दाज़ मैं भला पहले से कैसे लगा सकता था।

क्योंकि उस मनहूस दिन की शुरुआत तो बहुत ही मस्त हुई थी। जो बड़ा बेटा एकाएक पकड़ में नहीं आता था, वही मुझे कितने शौक़ से सैर कराने ले जा रहा था—अपनी एयरकंडिशंड बुलेट प्रुफ़ कार में बिठाकर।

लेकिन वो दिन और उसकी मनहूसियत पहले से तय थे। प्रकृति ने दोनों का तय कर रखा था। इसमें मेरा कोई हाथ नहीं था। मैंने तो कुछ नहीं किया था—जो कुछ किया था कुदरत ने किया था।

लेकिन मंगला। मैं जानता हूँ। मेरी पोल क्या मुझी को मालूम नहीं। बेशक वह एक मनहूस दिन था। मगर उसकी मनहूसियत की शुरुआत किसने की, आग में घी डालने का काम किसने किया? मैंने ही किया, घने दरख़्तों की छाँव में कभी—कभी काँटेदार झाड़ियाँ उग आती हैं। वक़्त उन्हें निकाल देता है। मैं चुप रह जाता तो सब ठीक हो जाता। पर मैं बातों को तूल देता रहा फिर मैं कैसे कह सकता हूँ कि मेरी कोई ज़िम्मेदारी नहीं...इस घटना को यों घटित होने में नहीं रही।

ग्यारह

सीने पर घन चलने शुरू हो गये थे। मैं कमलकिशोर का कौन हूँ? कमलकिशोर मेरा कौन है? सूने जंगल में मुझे यूँ अकेला छोड़कर वो चला कैसे गया? ऐसी भी कौन–सी ज़रूरी मीटिंग थी? क्या वह मुझे सिर्फ़ सैर कराने नहीं निकला था। मीटिंग की बात बीच में आयी ही क्यों?

नहीं, कोई मीटिंग–वीटिंग नहीं होगी। मुझसे भागने का एक बहाना होगा बस। झट से अकेले खिसक जाने का, ताकि बाप को कुछ कहने का मौक़ा ही न मिले, और अगर मीटिंग होती भी तो कमलकिशोर के इन्तज़ार में वो थोड़ी लेट भी शुरू हो सकती थी।

अपने मोबाइल पर कमल सूचना भी दे सकता था कहता, "देरी से पहुँचूँगा। कुछ काम आ गया है। बस! बस क़िस्सा ख़त्म।

और सोचो तो–बाप का कसूर ही क्या था? बूढ़े बाप से अचानक जो हो गया...अरे जो रुक नहीं सकता था, उसे रोका कैसे जाता। बल्कि उसमें तो बाप से ज़्यादा बेटे का कसूर था। उसने कार ही कुछ ऐसी तेज़ रफ़्तार से चलायी...और फिर वापस भी नहीं मोड़ी।

समरथ को नहीं दोष गुसाईं। बेटा समर्थ था। कार उसी की थी...अपनी कार को भगाकर ले गया वह।

मैंने अपने पूरे बदन को ठण्डा हो जाते महसूस किया। पानी की अधभरी बोतल हाथ में थमी रह गयी थी। उँगलियाँ ऐसी सुन्न कि बोतल कभी भी छूट कर गिर सकती थी। मैं सावधान हो गया।

बोतल नहीं छूटनी चाहिए। इस वक़्त सिर्फ़, यही एक बोतल है, जो मेरा सहारा है। यह मुझे धोखा नहीं देगा। माना यह एक बेजान चीज़ है। इसमें भरा पानी भी बेजान है। लेकिन इस बियाबान में गला ऐसे सूख सकता है कि जान पर बन आये। तब इस बेजान बोतल का बेजान पानी ही मुझमें जान डाल सकेगा।

बोतल को दोनों हाथों से थाम कर मैंने सीने से लगा लिया।

नहीं चाहता था, तो भी बार–बार सोचने लगा...क्या हो जाता। अगर कमलकिशोर मुझे अपनी गाड़ी में वापस बिठा लेता। थोड़ी गाड़ी ही तो गन्दी हुई थी–कहीं किसी गैराज में सफ़ाई करा ली जाती। कौन–सा आसमान फूट पड़ा था।

लेकिन जो हुआ, अच्छा ही हुआ। बेटे का असली चेहरा सामने आ गया। आँख का अन्धा भी समझ सकता है कि बूढ़ा बाप अब एक बोझ लगने लगा है। अगर न होता बूढ़ा तो क्या इस तरह अकेला छोड़ कर जा सकता था वह। उसकी इतनी हिम्मत होती।

क्या समझते हैं, यह आजकल के नौजवान अपने आपको। क्या ये कभी बुढ़ाएँगे नहीं। तू क्या, तेरी बीवी इला और बेटी अनु भी एक दिन लाठी टेक कर चलेंगी–तब मैं देखूँगा। बेशक तब मैं इस धरती पर नहीं रहूँगा, स्वर्ग में रहूँगा या नर्क में ही सही। लेकिन जहाँ भी रहूँगा, दूरबीन लगा कर देखूँगा इन्हें। क्या घोर कलियुग आ गया है। बूढ़े बाप को असहाय छोड़कर बेटा भाग निकला।

मैंने नज़र दौड़ाई। सीधी, लम्बी, सूनी सड़क। दायें भी, बायें भी। जंगल की हरियाली को चीर कर फैला सीमेंटी रास्ता। सन्नाटे को सहलाता हुआ।

किधर जाऊँ? किस दिशा में कार ने लाकर छोड़ा है। क्या वापस उसी दिशा में लौटूँ। लेकिन उधर तो कुत्ते की लाश पड़ी मिलेगी–अधमरा या पूरी तरह मरा। देख सकूँगा। और अगर वह मरा न होगा। पीड़ा से बिलबिलाता–तड़प रहा हो तो? उठा सकूँगा उसे। गोदी में भरकर ले जा सकूँगा हॉस्पिटल। है इतना दम–इन बूढ़ी हड्डियों में।

–तो क्या उधर जाऊँ, जिधर कमल अपनी कार भगा ले गया है। लेकिन इधर या उधर, मिलेगा ही क्या? सिवा इस सन्नाटे के?

मैंने कान खड़े किये। इस ख़ामोशी में शायद कुछ सुनाई पड़ रहा है। किसी कार की आवाज़। किसी बस का धीमा हॉर्न, टेम्पो या बाइक की गुर्राहट या ऑटो रिक्शा...कोई भी वाहन हो सकता है जो या तो किराया लेकर या फिर मेहरबानी कर के लिफ्ट दे ही दे।

कहीं कोई आवाज़ नहीं। सूखा सन्नाटा।

मुझे ख़तरा महसूस हुआ। यहाँ तो कुछ भी हो सकता है मेरे साथ। इन्सान तो इन्सान, कोई जानवर भी झपट्टा लगा सकता है। कभी–कभार इधर तेंदुए दिखाई देते हैं। नेशनल पार्क यहाँ से ज़्यादा दूर नहीं। उसकी चारदीवारी फाँदकर निकल पड़ते हैं तेंदुए। इधर के लोग हमेशा तैयार रहते हैं कि आयेगा तेंदुआ, घुसेगा तबेलों में, और खा जायेगा मासूम बछड़ों को, मेमनों को–वैसे तो वह इन्सान से दूर रहता है, लेकिन टूट पड़ा तो कोई बचा नहीं सकता। एक बार इन्सान का लहू चख लिया, फिर ख़ैर नहीं, हमेशा इन्सान ही चाहिए। तब मीडिया में हल्ला मच जाता है सरकार हिल जाती है। वन अधिकारियों को फ़ौरन रवाना किया जाता है पिंजरों और शिकंजों के साथ। तेंदुआ अक्सर धर दबोचा जाता है। कभी मारा भी जाता है। लेकिन जब तक ऐसा नहीं होता? कभी भी, किसी भी झाड़ी को फाड़ अचानक टूट पड़ सकता है तेंदुआ...

ऐन इसी वक़्त मुझ पर टूट पड़े, तो? दिल धक से होकर रह गया। धत। मैं भी क्या–क्या सोचने लगा...

दिमाग़ फिर इधर–उधर दौड़ने लगा। तेंदुआ नहीं टूटेगा तो इन्सान तो टूट सकता है। इंस्पेक्टर प्रशान्त चौधरी ने क्या कहा था? अँगूठी जल्दी से नहीं उतरती, तो उँगली ही काट कर ले जाते हैं।

सोने की दो–दो वज़नदार अँगूठियाँ पहने हुए हूँ–नग भी कितने क़ीमती हैं।

गला सूखने लगा। बेजान बोतल में भरा पानी काम आया। बोतल खोली। दो घूँट पिये, कुछ बचा कर रखे। गला तर हो गया। जान पड़ गयी।

खामख़्वाह घबरा रहा हूँ। अरे, ख़तरे में हूँ तो पुलिस को मोबाइल क्यों नहीं कर सकता। इंस्पेक्टर प्रशान्त चौधरी ने पुलिस हेल्प

का नम्बर उस दिन सेव करके दिया था—याद आया—अभी नम्बर लगाता हूँ।

झट से कुरते की जेब में हाथ डाला। कोई मोबाइल नहीं—दायें नहीं तो बायें होगा। जेब में भी हाथ डाला, गहरे तक देखा। नो मोबाइल। शायद कार में बैठते वक़्त अपने पर्स और आई—कार्ड को जैसे पीछे छोड़ आया था—वैसे ही मोबाइल भी भूल आया हूँ।

एक बार फिर हाथ—पैर ठण्डे हो गये। कैसे सरवाइव करूँगा, बिना मोबाइल के? हमेशा चिपटा कर रखता हूँ। आज ही भूलना था।

अपनी जगह से हिल नहीं पाया हूँ, अभी तक। सवाल वही है। चलूँ तो किधर चलूँ। पत्थर की तरह खड़ा रहूँगा फिर तो न होऊँगा हलाल, तो भी हो जाऊँगा। कॉन्फिडेंस के साथ सीना तान कर चलूँ। हमसे जो टकरायेगा, मिट्टी में मिल जायेगा!

मन का सारा भय अचानक झिंझोड़ कर गिरा दिया। क्या होगा हद से हद। कोई मार ही डालेगा न? मरना तो है ही एक दिन। मरने से क्या डरना।

वाह! क्या क्रेज था उस ज़माने में। उस फड़कते हीरो का। हीरोइनों पर झप्पियाँ डाल कर सिर हिला—हिलाकर हीरो बाग लगाया करता—"या हू" किस क़द्र पसन्द करते थे हम दोनों, उस हीरो को, अपनी जवानी के दिनों में। ऑफ़िस से छुट्टियाँ ले—लेकर हम उसकी फ़िल्में देखने जाते थे—फर्स्ट डे, फर्स्ट शो। हमेशा हम बालकनी में बैठा करते, बाँह से बाँह सटाकर...

ऐसा हाल था आला दर्जे के उस बैंक ऑफ़िसर का यानी मेरा।...

अरे। यह सब मैं क्या सोच रहा हूँ।

होश भी है? कि कैसे ख़तरे में हूँ। और किधर चले जा रहा हूँ। उधर...सामने...सड़क पर, वो क्या पड़ा है। वही कुत्ता शायद। मैं यहाँ कैसे आ गया। किस झोंक में, किन ख़यालों में चलता चला आया। इधर तो नहीं आने का फ़ैसला लिया था मैंने।

कुत्ते की फ़िक्र छोड़ देना ही अच्छा है। अब उसकी ओर पीठ घुमाकर मैंने फिर चलना शुरू किया। लेफ्ट। राइट। लेफ्ट। राइट।

दसएक मिनट चला होऊँगा, चश्मा सँभालता हुआ सहसा एक झाड़ी नज़र आयी। सड़क के ऐन किनारे नहीं, ज़रा फ़ासले पर छितराई वो झाड़ी रह–रह कर सिहर रही थी। कोई है अन्दर...बाप रे...तेंदुआ। मैं ठिठक गया। क्या करूँ, पलट कर भागूँ। लेकिन भागने पर तो वो बेधड़क टूट पड़ेगा। अगर तेंदुआ ही है और निकल भी पड़ा, फिर तो उसकी नज़र से नज़र मिलाकर रखनी होगी–बिना हिले–डुले। तभी तो वो हिचकिचायेगा और कन्नी काट कर चल देगा।

सहसा एक दबी–दबी सी हँसी उस झाड़ी में से छनती हुई निकल पड़ी। बारीक हँसी। कहाँ का तेंदुआ इसमें तो औरत है।

एक और दबी–दबी हँसी उस हँसी में शामिल होने लगी...मर्दाना हँसी।

यहाँ से तो जितनी जल्दी निकल जाऊँ, उतना अच्छा। जाने कौन किस बेशर्म के साथ है। बेशर्म मर्द कोई गुंडा भी हो सकता है–या कोई तेज़तर्रार कालेजियन। उन्हें अगर शक हो गया कि मैं उनकी आवाज़ें सुनने के फेर में हूँ...ऐसों का क्या भरोसा। नशे में भी रहते हैं। छुरा–वुरा भोंक दें...थप्पड़ तो मार ही सकते हैं। बेटे ने जो थप्पड़ मारा वही काफ़ी है। एक और का रिस्क नहीं उठा सकता।

अरे कहाँ आ फँसा। चलूँ–भागूँ। और फिर ऐसी तेज़ी से रवाना हुआ कि साँस भर आयी। रुका नहीं चलता गया। कब तक चला पता नहीं। पानी की अधभरी बोतल हाथ में थी। चलने के झटकों से बोतल में क़ैद पानी छप–छप कर रहा था।

सामने से एक नीली कार आती दिखाई दी। मैंने फ़ौरन 'लिफ्ट प्लीज़' का इशारा किया। कार सनसना कर बगल से निकल गयी।

शिट। इस बूढ़े को कौन लिफ्ट देगा। ज़माना ख़राब है। अगर मेरी जगह कोई लड़की होती, तो शायद लिफ्ट मिल जाती।

दो–ढाई मिनट और चला।

सहसा एक साइकिल सवार पीछे से आकर आगे जाने लगा। चटक लाल बुशशर्ट। मटमैला पायजामा। आराम से धीरे–धीरे पैडल मार रहा था।

मैंने पुकारा, ''सुनो भाई।''

उसने बिल्कुल नहीं सुना। सुनता भी कैसे? दोनों कानों में इअरपीस जो ठूँस रखे थे। संगीत की अपनी अलग ही दुनिया में खोया हुआ था वो। मैंने ग़ौर किया, ज़रा झूम भी रहा था वो साइकिल पर बैठा–बैठा।

सोचा, इससे इतना तो पूछूँ कि क्या मैं इसी सड़क पर चलता रहूँ या आजू–बाजू की किसी और सड़क पर चला जाऊँ कि जहाँ से कोई रिक्शा–विक्शा मिल सके।

पहले तो मैं तेज़ी से दौड़ा, ताकि उसकी साइकिल की बग़ल में आ जाऊँ। फिर मैंने संग–संग धीमा दौड़ते हुए, ज़रा ज़ोर से कहा, रुको! रुको।

लेकिन उसने रुकने का नाम न लिया। दरअसल उसे पता ही न चला, कि उसकी बगल से कोई दौड़ भी रहा है। उसे कुछ भी सुनाई कहाँ दे रहा था। दोनों कानों में इअरपीस जो घुसे हुए थे।

सहसा उसने अपना चेहरा उसी तरफ़ घुमाया, जिधर से मैं दौड़ रहा था। गला खँखार कर उसने ज़ोर से थूक दिया। थूक सीधा मेरे चेहरे पर आ गिरा।

मैं अकबका गया। ख़ुद उसकी भी यही हालत हुई। उसने ज़ोर से ब्रेक दबाया। साइकिल उसी पल रुक गयी।

मैं समझ न पाया, पहले जाकर उसे एक–आध हाथ धर दूँ या पहले अपना चेहरा साफ़ करूँ। "अन्धा है क्या?" ऐसा भी मैं कुछ बोल न सका। आख़िर वह अकेला एक ऐसा शख़्स था, जो उस वक़्त वहाँ मौजूद था और शायद मेरी मदद कर सकता था। उसने जान–बूझ कर तो थूका नहीं था मुझ पर। चाहे जब, चाहे जहाँ थूकने की भारतीय परम्परा ही निभायी थी उसने। मेरे लिए यही मुनासिब था कि उसे माफ़ कर देता। उस समय मेरी स्थिति भी मुझसे यही माँग कर रही थी।

मैंने जल्द अपनी जेब से रुमाल निकालने की कोशिश की। मैं हड़बड़ा रहा था। किसी तरह रुमाल निकाल कर थूक पोंछ कर मैंने नज़र उठायी तो पाया, वह हँस रहा था।

मैं स्तब्ध रह गया। मैंने सोचा था कि वह अपनी साइकिल से उतरेगा, नज़दीक आयेगा और पछतावे भरे लहजे में कहेगा, "माफ़ कीजिएगा दादा जी। मैंने देखा नहीं था..." और तब शायद मैं भी कहता, "कोई बात नहीं। हो जाता है कभी–कभी ऐसा।"

वह तो साइकिल से उतरा ही नहीं था। बायें पैर का अँगूठा ज़मीन से टिका कर अपनी साइकिल थामे वह खड़ा रहा था। जब तक मुझसे नज़र नहीं मिली थी, उसके गले से हँसी की ध्वनि नहीं फूटी थी। भले ही उसके होंठ धीमे–धीमे मुस्करा रहे थे। अब, ज्यों ही नज़र मिली उसने ह–ह–ह की ध्वनि के साथ हँसना शुरू कर दिया। ज़मीन पर टिका अपना अँगूठा उसने उठा लिया। साइकिल के पैडल को ज़ोर से दबा कर वो उसी तरह हँसता हुआ आगे बढ़ने के लिए साइकिल पर झुका।

मैं, एक बूढ़ा, उस नौजवान का भला क्या बिगाड़ सकता था। फिर भी मेरा आक्रोश रुक नहीं सका। मुट्ठियाँ भींच कर, दोनों हाथों को तलवार की तरह भाँजता मैं पूरी ताक़त से चीख़ पड़ा, 'कुत्ते–कमीने।'

जिस ताक़त से मैं चीखा, उसी ताक़त से उसने साइकिल के ब्रेक दबा दिये। जिस पल साइकिल रुकी, उसी पल वह नीचे उतर पड़ा। मैं अन्दाज़ा लगा ही नहीं पाया कि अब वो क्या करेगा?

साइकिल उसने बग़ल के पेड़ से टिका कर खड़ी कर दी। तेज़ी से लपक कर उसने मेरे कुरते का गला पकड़ लिया। मैं ठगा–सा देखता रह गया।

उसने मुझे बुरी तरह झकझोर डाला, "क्या बोला, रे तू? ख़ुद साला अन्धा का माफिक चलेगा। ऊपर से गाली भी देगा।"

और उसने मेरे जबड़े पर कस कर मुक्का जड़ दिया। आश्चर्य, अपमान और पीड़ा से मेरी आह निकल गयी। नक़ली दाँतों का मेरा चौखरा उसी पल बाहर निकल पड़ा–मैंने दोनों हाथों से उसे लपकने की कोशिश की लेकिन वो सड़क पर जा गिरा। मैं उसे उठाने के लिए झुका तो, पर डर लग रहा था कि कहीं वो नौजवान मुझे लात–घूसों

से और न मारने लगे। नौबत यहाँ तक पहुँच सकती थी कि सड़क पर मैं औंधा पड़ा रह जाता, उठ ही न पाता।

गनीमत ऐसा हुआ नहीं। दूसरी गनीमत यह हुई कि नक़ली दाँतों का मेरा चौखटा टूटा नहीं। क्या नक़ली दाँत यूँ सड़क पर गिरने से टूट सकते हैं? कितने मज़बूत होते हैं यह। पता नहीं। चौखटे के दोनों हिस्सों को उठा कर मैं सीधा खड़ा हो गया। नहीं चौखटे को मैं मुँह में तत्काल डाल नहीं सकता था। उस पर धूल लग चुकी थी। मसूड़ों, जीभ और तालू सब जगह किरकिरी चलेगी। एक बार फिर धोकर– साफ़ करना पड़ेगा। बोतल का पानी तो इस्तेमाल करने से रहा। उतना पानी पीने के लिए बचा रखा है–धोने के लिए थोड़े ही।

दाँत मैंने चुपके से अपनी जेब में डाल लिए। चश्मा नाक पर नीचे सरक चुका था। उसे वापस ऊपर चढ़ाया। भौंहें सिकोड़ कर मैं उस नौजवान की ओर देखने लगा, जो मेरी ओर ही देख रहा था उसकी आँखों में अब पछतावा तैर रहा था।

"माफ़ करना अंकल। आपका दाँत नक़ली है मुझे मालूम नहीं था।"

मैं चुप रहा।

"आपको गुस्सा आया, तो गाली दे दिया। अपुन को गुस्सा आया तो थोड़ा ढिशुम कर दिया। सौदा बराबर।"

मैंने इस बार भी कुछ न कहा।

जब भी कुछ कहता हूँ–सामने से जवाबी वार हो जाता है। कई महीनों से देख रहा हूँ। मैं बोला नहीं कि उलट वार हुआ। इस बार तो बाकायदा मुक्का खाना पड़ गया, क्योंकि मैं बोला। अगर मेरे बोलने में इतना ही खोट है तो बेहतर होगा, मौन व्रत धारण कर लूँ। मैं सुखी, दूसरे भी सुखी।

इस मनहूस को देखो। कैसे मज़े से मेरा ही कसूर निकाल रहा है। मुझे गुस्सा आया तो इसे भी आ गया। न मुझे आता गुस्सा–न इसे आता। जो भी ग़लत है मुझसे ही शुरू होता है क्योंकि मैं बूढ़ा हो गया हूँ। अरे, यह दुनिया बूढ़ों की है ही नहीं। दुनिया आज है नौजवानों की। अगर आप नौजवान हैं तो ग़लत भी करिए तो सही है। बूढ़े हैं यदि तो सही भी ग़लत हो जाते हैं। भई, वाह!

मैं चुप रहा तो उसने भी आगे कुछ न कहा। मुझे मुक्का जड़ देने की प्रक्रिया में उसके इअरपीस हिल गये थे। उन्हें वापस दोनों कानों में अन्दर तक ठूँस कर वह वापस मुड़ा। अपनी साइकिल उसने पेड़ के नीचे से उठायी। साइकिल पर बैठा और छूमन्तर हो गया। वैसे ही झूमते हुए जैसा कि मुझ पर थूकने से पहले झूम रहा था।

पानी की अधभरी बोतल हाथ से छूटकर सड़क से नीचे लुढ़क चुकी थी। मैंने लपक कर उसे उठाया। सड़क के किनारे की धूल में वह बिल्कुल सन चुकी थी। धूल झाड़ने के लिए रुमाल निकालने की सोची–मगर रुक गया। रुमाल तो थूक से सना पड़ा था। वह थूक जो मैंने ख़ुद अपने चेहरे पर से पोंछा था। घृणा से रुमाल दूर फेंक दिया। बोतल की धूल को कुरते के छोर से झाड़ा और रगड़ कर पोंछा। कुरता मैला तो हो ही गया था–थोड़ा और सही।

भूल गया कि बोतल का बचा–खुचा पानी सिर्फ़ पीने में इस्तेमाल करना है। अनायास बोतल खोलकर चेहरे पर ताबड़तोड़ छींटे मारने लगा ताकि घिनौना थूक, जो थोड़ा बहुत रह गया हो, निकल जाये। तब तक छींटे मारता रहा जब तक बोतल ख़ाली न हो गयी। यह तक न सोचा कि बोतल अगर ख़ाली ही कर देनी थी तो मैं अपने नकली दाँत ही धो लेता–चलो कोई बात नहीं। बोतल उछाल कर एक झाड़ी में फेंक दी।

चलने का मन नहीं था, तो भी एक लम्बी दूरी तक चलता गया। थकने लगा, तो एक पेड़ के नीचे नंगी ज़मीन पर जा कर बैठ गया। बैठे–बैठे अच्छा न लगा तो लेट गया, धूल में।

कपड़े मैले हो रहे हैं तो होते रहें। अब और क्या मैले होंगे। करवट पर लेटना अच्छा न लगा तो चित लेट गया। चित लेटना भी अच्छा न लगा, तो औंधा हो गया।

सिर्फ़ औंधा लेटने से भी तसल्ली नहीं हुई। अजब–सी बेचैनी पेट से उठकर मुँह तक उठने लगी। अचानक रुलाई फूट पड़ी। चश्मा निकाल कर मुड़ी हुई बाँहों के बीच चेहरा छिपाकर, मैं रोया तो रोता ही रहा–उफनते गरम आँसू बहते रहे।

कितना असहाय हो गया हूँ मैं। वे तमाम बातें याद आने लगीं जो पिछले दिनों घटी थीं। और जिनमें मुझी को बस मुझी को हारना पड़ा था, जबकि हर बार मेरी कोई ग़लती नहीं थी। अगर कोई सही था–तो मैं ही सही था। तो फिर...हर बार मुझी को हारने पर मजबूर क्यों किया जाता है। क्या इसलिए कि किसी को मेरी ज़रूरत नहीं है या इसलिए ताकि मैं समझ जाऊँ कि अब मैं सिवा एक फ़ालतू चीज़ के और कुछ नहीं...

आह! मैं जी क्यों रहा हूँ।

बस ! कपूर। बात का बतंगड़ मत बना। याद कर...हर बार क्या तुझी को हारना पड़ा? कई बार तू जीता भी है। कितनी देर से तू यहाँ लेटा पड़ा है। धूल में लोटने भर से तेरी समस्याएँ हल हो जायेंगी और फिर समस्याएँ हैं ही कहाँ? तूने जहाँ भी समस्याएं देखी हैं, वहाँ केवल परिवर्तन है। सब जगह सिर्फ़ वैसा ही है जैसा वो हो सकता है। दुनिया इसी तरह बदलती है। बदलनी ही उसकी फ़ितरत है। जैसे प्रकृति हर मौसम के साथ बदलती है। हर जनरेशन अपना बदलाव लाती है। दुनिया को अपने ही चश्मे से देखने की ज़िद्द मत कर।

चश्मा।

हाँ, कहाँ गया चश्मा। जब आँसू बह रहे थे, तब उतारा था। फिर कहाँ रखा। जेब में रखा या खुली ज़मीन पर छोड़ दिया। करवट बदलने से दब–दबा तो नहीं गया। टूट गया होगा। देखूँ देखूँ।

जल्दी–जल्दी देखा। टटोला। मिल गया। सही सलामत था। ख़ुश होकर पहन लिया। पहनते ही देखा। सूरज ढलान पर है।

शाम हुई नहीं है। मगर जल्दी ही हो जायेगी। ऐसे बियाबान में कितनी जल्दी अँधेरा घिर गया। फिर तो उठ कपूर। जल्दी चल। पूछ किसी से...किधर से मिलेगा रिक्शा–विक्शा।

चश्मे के लिए जेबें टटोल रहा था–जेब में तो नोट भी नहीं थे जो कमल ने चलते वक़्त मुझे पकड़ाये थे। तन मन में सन्नाटा खिंच गया। जब औंधा पड़ा हुआ था, उस दौरान क्या इतना सुस्त, इतना हारा हुआ इतना गमगीन था कि सो ही गया था। शायद यही हुआ होगा।

झपकी में तो चल ही गया था। उस दौरान किसी आते जाते ने जेब में हाथ डाल कर रुपये निकाल लिए होंगे।

दोनों जेबों में बार–बार टटोल कर देखा। नोट नहीं थे।

और गले की चेन। चौंक कर गले को छुआ। पूरे बदन में झन्नाता दौड़ गया। बाप रे! किसी ने गले से चेन भी क्या...मैं बेसुध हो गया था।

कहीं ऐसा तो नहीं कि दोनों अँगूठियाँ भी...छू–छू कर देखा। सचमुच दोनों की दोनों थीं।

हड़बड़ा कर अपनी उँगलियों की ओर फिर देखा। सहसा विश्वास नहीं हो रहा था–अँगूठियाँ कैसे बच गयीं। अरे ऐसे कैसे निकल जातीं। मैं जाग न जाता। ऐसा हल्ला मचाता कि...

बस, बस क्या होता हल्ला मचाने से। इस बियाबान में आता ही कौन मुझे बचाने। आसपास देखा कोई आ रहा है कुछ दूर पर। तीन जने हैं शायद। कितने नज़दीक आमने–सामने। सड़क के किनारे खड़े हैं मुझसे बीसएक क़दम के फ़ासले पर।

क्या इन्हीं में से किसी ने मेरे नोट और चेन निकाली है।

निकाले भी होंगे तो मैं इन्हें कुछ कह भी नहीं सकता, न ही उन्हें हड़का सकता हूँ। साबित कैसे करूँगा–लगता नहीं नोट इन्हीं ने निकाले हों। चोर होते तो क्या यहीं खड़े रह जाते। अभी तक तो खिसक लेते।

तीनों में से किसी का ध्यान मुझ पर नहीं है। पर मेरा पूरा ध्यान उन पर केन्द्रित है।

दो लड़के। एक लड़की। लड़की बीच में खड़ी है। लड़के दायें–बायें तैनात हैं जैसे बॉडी गार्ड्स। लड़की का क़द साढ़े पांच से कम नहीं है। लड़के दोनों छह फ़ीट हैं। पर दुबले–पतले हैं। एक ने कत्थई जींस पहन रखी है। एक लड़का लाल बनियाइन में है। लड़की स्लीवलेस सूट पहने है। तीनों के बाल एक जैसे लम्बे। लड़की के कान सूने नज़र आते हैं, जबकि दोनों लड़कों के कानों में बालियाँ पड़ी हैं। कैसी चमक रही हैं।

दोनों लड़कों के हाथों में एक–एक सिगरेट दिखाई दी। सिगरेटें उन्होंने सुलगायी नहीं। मट्ठा बनाने के लिए जैसे दही बिलोया जाता है–वैसे ही उन्होंने अपनी–अपनी सिगरेट को दो हथेलियों के बीच पकड़कर बिलोना शुरू किया।

समझ गया–तम्बाकू निकाल रहे हैं। कागज़ का शेष नली में अब ये कोई नशीली चीज़ डालेंगे–चरस, गाँजा और भी कुछ

उन्होंने यही किया।

दायें खड़े लड़के ने तैयार सिगरेट लड़की की ओर बढ़ा दी। लड़की ने उसे अपने होठों पर दबा लिया। दूसरे लड़के ने लाइटर जलाया। लड़की ने सिगरेट का सिरा लोयें में झोंक कर गहरा कश लिया। पहले लड़के ने जल्दी–जल्दी एक और सिगरेट तैयार की। ढलत सूरज की रोशनी में तीनों सिगरेटों के छोर दहक उठे। उड़ता हुआ धुआँ मुझ तक भी पहुँचने लगा।

क्या करूँ। अचानक उठूँ और चलता बनूँ। किधर जाऊँ। किधर भी। यहाँ से तो हटूँ। नहीं, मैं नहीं हटूँगा इनके सामने से। हटना तो इन्हीं को होगा। शरीर में जाने कहाँ की ताक़त भर आयी। भूल गया मैं अपने मैले–कुचैले कपड़ों को–ख़ाली जेब को–प्यास से सूखते गले को। खड़ा हो गया इन नशेड़ियों से पंगा लेने के मूड में। और ज़ोर से चिल्लाया।

"ऐ नशेड़ियो! चलो फूटो यहाँ से।"

हाँ, हाँ, मैंने कह दिया जो मुँह में आया। चिल्ला कर कह दिया। दिन भर हारता रहा हूँ। अभी जीत गया। वाह। वाह! क्या चिल्लाया हूँ। कितने ज़ोर से 'नशेड़ियों।

इसके बाद जो हुआ मंगला। मैं तुम्हें बता नहीं सकता। न बताऊँ तो भी क्या? ऊँचे आकाश से तुमने सब देख ही लिया होगा।

बारह

मैं कहीं नहीं हूँ। ऐसा कैसे? साफ़ लग रहा है कि मैं कहीं चित लेटा हुआ हूँ—कहीं न होता तो चित कैसे लेटता। किधर लेटा हूँ। क्या उसी बियाबान में। नहीं तो बियाबान की सोंधी सुगन्ध नाक में नहीं आ रही। सुगन्ध नहीं यहाँ तो अजीब सी गन्ध है। एंटी सेप्टिक—सी गन्ध।

अरे ! तो क्या मैं हॉस्पिटल में हूँ। इधर कैसे पहुँच गया। मैं यहाँ ख़ुद तो भरती होने नहीं आया हूँ। ख़ुद आया होता तो क्या मुझी को याद न रहता। कोई और ही लाया है मुझे—लेकिन क्यों?

हौले—हौले ! वापस आ रहा हूँ। जाने किस शून्य में से अपने आप को समेट रहा हूँ।

आसपास कुछ खटर—पटर है। कोई आ रहा है। कोई जा रहा है। बन्द पलकों के पार कुछ रोशनी जैसी महसूस हो रही है। अचानक दिमाग़ ने करवट ली। किस बेरहमी से पीटा गया था मुझे। वैसी पिटाई तो... क्यों की थी पिटाई। क्या छुआ था मैंने उन्हें—हाँ याद आया। वो डायलाग जो ललकार कर कहा था मैंने।

"ऐ नशेड़ियों। चलो फूटो यहाँ से।"

"ओए! झींगुर क्या बोला, रे तू?"

नशेड़ी बोला। "और क्या बोला? रे तू।"

"किसको बोला 'नशेड़ी'।"

"तुमको बोला' और किसको बोला।"

"ये हिम्मत। थोबड़ा तोड़ देंगे।"

"जा–जा।''

"चलो बताते हैं नशेड़ी कौन है–हम या तू।''

"ख़बरदार दूर रहना। जानते नहीं मैं कौन हूँ।''

"अभी पता चलता है। कौन है तू।''

और फिर वे तीनों कैसे टूट पड़े थे मुझ पर। अपनी उम्र और हालात को देखते हुए मैंने जो टक्कर दी थी उन लोगों को। वह कोई मामूली टक्कर नहीं थी। क्या खींच कर थप्पड़ मारा था मैंने उस लौंड़िया के गाल पर। कितने ज़ोर से चीख़ी थी वह। लेकिन बदक़िस्मत रहा मैं। मेरा वह थप्पड़ पहला और आख़री साबित हुआ। झपाक से ऐसा जकड़ा गया कि दोबारा थप्पड़ चलाता ही कैसे। कोहनियाँ भी चलायीं–लातें भी चलायीं। लेकिन हर कोहनी हर लात के जवाब में जो कुटम्मस हुई। बेदम होकर उन्हीं की बाँहों में गिर पड़ा था फिर धरती पर पसर गया था फिर भी वे लातें मार–मार कर मेरा कीमा बना रहे थे। बेदम हो गया था मैं। अंग–अंग में दर्द और ऐंठन की लपटें उठ रही थीं। फिर अचानक सब कुछ सुन्न...बेहोश हो गया था मैं। और शायद यह अच्छा ही हुआ होगा...।

और अब शायद मैं अस्पताल में हूँ–कैसे आया यहाँ कुछ पता नहीं और शायद अब बेहोशी और नीमबेहोशी के बीच में सुप्तावस्था में हूँ। कुछ याद आता है फिर सब घुल जाता है हवा में–सब समझ रहा हूँ मैं।

तेरह

घुल जाता हूँ हवा में...सब समझ रहा हूँ। ये लोग मुझे लगातार नींद में रख रहे हैं बेसुध। लेकिन ऐसा नहीं है कि मैं सिर्फ़ धुल ही जाता होऊं। हौले से वापस भी आता हूँ। चैतन्य होता हूँ तो भी एकदम जड़ की तरह पड़ा रहता हूँ। पलकें निढाल तो निढाल। उनके नीचे मौजूद दोनों पुतलियाँ भी खड़ी की खड़ी। कहीं किसी लेख में पढ़ा था–पुतलियों में हरकत हो रही हो तो इसके दो अर्थ होते हैं। एक तो यही कि बन्दा या तो सपना देख रहा है, गहरी नींद में नहीं है, कभी भी जाग सकता है या कि वह होश में आ चुका है या बस आने ही वाला है। मैं भला ऐसा क्यों जताऊँ कि मेरा होश लौट चुका है या मैं जाग चुका हूँ।

क्योंकि होश में होते हुए भी बेहोश दिखने का एक ज़बरदस्त लाभ है।

आपे पड़े हुए हैं लक्कड़ की तरह। आँखें मुँदी–मुँदी। कोई हरक़त नहीं। किसी को गुमान होगा ही नहीं कि आप न केवल जाग रहे हैं बल्कि सुन भी रहे हैं। आई.सी.यू. के मेरे एयर कंडीशंड कमरे में डॉक्टर आता है। नर्स के साथ खुसर–पुसर करता है–कपूर परिवार के बन्दे आते हैं। आपस में हौले–हौले बतियाते हैं।

अक्सर कुछ ऐसा सुनने को मिल जाता है जो आप कतई न सुख पाये होते अगर आँखें खुली रखते...

ऐसा ही कुछ उस दिन हुआ। जब मेरे दोनों बेटे कमलकिशोर और रमेश चन्द्र मेरे सिरहाने आकर खड़े हुए।

देख रहे हैं भाई साहब। डैडी आज भी कैसे बेख़बर सोये हैं...

—दो एक दिन और ऐसे ही बीतेंगे रमेश...जबरदस्त शॉक में हैं। बस और कुछ नहीं...डॉक्टर कह रहा था...एवरीथिंग, अदरवाइज इज़ ओ. के.।

मगर किसी से दुश्मनी नहीं, कुछ नहीं, ऐसे कैसे पीट दिया। पीटा भी किस बुरी तरह। बेहोश पड़े रहे, जाने कितने घण्टे। मिसिंग की रिपोर्ट लिखा दी थी, तो पहचाने गये, नहीं तो पड़े ही रह जाते...

कुछ भी हो सकता था...भला हो उन गश्ती पुलिस वालों का...

हाँ, रमेश। मुझे भी इतना बुरा लग रहा है।

लेकिन, भाई साहब, आपने भी कमाल किया। सूने जंगल में अकेला छोड़ दिया।

प्लीज़ रमेश, आख़री बार कह रहा हूँ। डैड की दिमाग़ी हालत देखो। क्या—क्या तो बक रहे हैं।

''इनकी बातों पर ध्यान मत दो। मैंने इन्हें अकेला नहीं छोड़ा था। रिक्शा मैंने ख़ुद रोका, ख़ुद सहारा देकर इन्हें अन्दर बिठाया, रिक्शावाले को समझा भी दिया कि कहाँ पहुँचाना है। चार सौ रुपये कैश भी डैड की जेब में डाल दिये थे। इससे ज़्यादा और क्या करता।''

''तो क्या उसी रिक्शा वाले ने, बट दिस इज़ इम्पॉसिबल।''

''हम इस पर बाद में बात करेंगे। अभी चलो। यहाँ ज़्यादा रुकना ठीक नहीं। नर्स रोकेगी।''

सुन लिया मंगला। क्या कहा हमारे बड़े सपूत ने। सवाल है, अब मैं क्या करूँ? चौराहे पर खड़ा होकर डोंडी पीट—पीट कर चिल्लाऊँ कि कमलकिशोर झूठ बोल रहा है, मैं कितना भी चिल्लाऊँ तो भी सच्चा कमलकिशोर को ही माना जायेगा। चश्मदीद गवाह के अभाव में, जनता जो फ़ैसला करेगी—कमलकिशोर के पक्ष में ही होगा। आख़िर वह एक जवान आदमी है। तभी तो उसका दिमाग़ घुटने में नहीं है।

मैं ठहरा बूढ़ा। मेरा दिमाग़ घुटने के सिवा और कहाँ हो सकता है। ऊपर से ज़बरदस्त शॉक में भी हूँ। झूठ क्या–सच क्या इतना भी होश नहीं। तभी तो बके जा रहा है...कि सगे बेटे ने बियाबान में लावारिस छोड़ दिया था। डॉक्टर भी कमल के पक्ष में ही मुण्डी हिला रहा है।

बोलने का हक़ मुझे है ही नहीं। बूढ़ा हो गया हूँ इसलिए। बोल पड़ा तो गया काम से।

वो बुरा दिन। एक के बाद एक कितनी ख़राब घटनाएँ घटती गयीं। लेकिन सोचने की बात है। शुरुआत कहाँ से हुई। मेरे बोल पड़ने से ही।

सिहरती झाड़ी के सामने से बेशक मैं चुपचाप हट गया था। बोला कुछ नहीं था। बस सोचा भर था मन–ही–मन। तो फिर ख़तरा कहाँ से आया?

हाँ, वो साइकिल सवार। कितने ज़ोर से बोल पड़ा था मैं उसके ख़िलाफ़ कि वह कमीना है, कुत्ता है। नतीजा हाथ के हाथ भुगत लिया। जबड़े पर कस के मुक्का पड़ा। आह! कैसी जलालत महसूस की थी ...मन से कैसा हार गया था। तन से तो पस्त था ही। बैठ गया था फिर। बैठा तो बैठा, लेट भी गया। वहीं धूल में सो भी गया।

यह सो जाना भी क्या चीज़ है। चुटकियों में कैसी राहत। आसपास का सभी कुछ कैसा बुझ जाता है। ऐसा धुत्त हुआ कि गले की चेन खोयी, नकद रुपये खोये। सब केवल इसलिए कि मैं बोल पड़ा था। सोचो मंगला। अगर न बोला होता। साइकिल सवार के थूक को भी चुपचाप सह गया होता। तो निश्चित है मुक्का न खाता। न पस्त होता। न धुत्त सोता–चेन जस की तस गले में रहती। नक़द भी न जाता लेकिन उतना सब सहने के बावजूद मैं फिर दोबारा बोल रहा हूँ। है न ग़ज़ब। किस पत्थर दिली से पिटाई हुई थी। और दोनों अँगूठियाँ भी खींच–खींच कर निकाली गयी होंगी।

याद करने से भी कँपकँपी आती है। नशेड़ी को नशेड़ी बोल देने की ज़रूरत क्या थी? ऐसी भी क्या हुड़क थी। चुप रह जाता तो यह हालत तो न होती। बोल पड़ने से ही यह हालत हुई है न।

तो बोलना शायद मेरी आदत हो गयी है। अन्याय होता देखकर मैं चुप नहीं रह पाता हूँ और बोल पड़ता हूँ–हर बार बोल पड़ने से ही तो बात बढ़ी है। याद है उस बार जब बहू इला से कहा–सुनी हुई थी। बात कुछ नहीं थी–अनु को लेकर कुछ ग़लतफ़हमी हो गयी थी और उसकी जड़ थी अनु की मेड, उसकी देखभाल करने वाली दाई। मैं लाख कहता रहा कि उसने तथ्यों को तोड़–मरोड़ कर पेश किया है पर किसी ने कहाँ सुनी थी मेरी बात। मेड का पलड़ा भारी पड़ा। मैं लाख एक्सप्लेनेशन देता रहा–यहाँ तक कि मैंने यह तक कह दिया कि तुम्हारी नज़र में मैं ही झूठा हूँ तो मैं ख़ुद अपने को सज़ा देता हूँ। और फिर मैंने ताबड़तोड़ अपने ही गालों पर एक के बाद एक इतने थप्पड़ लगाये कि गाल लाल हो गये। पर किसी ने मुझे नहीं रोका। मन के ताप को मैं आँसुओं से ठण्डा करता रहा और जब सहन नहीं हुआ तब घर से बाहर खुली हवा में साँस लेने के लिए निकल पड़ा। और इसी दिन सोच लिया–जो होता है, हो। सही या ग़लत जो भी–मैं कुछ नहीं बोलूँगा।

और यह एक अधूरी या अकेली घटना नहीं थी। अपने घर से जब इस नये अपार्टमेंट में शिफ्ट हुआ था–तब मुझे एक बड़ा कमरा मिला था रहने के लिए। धीरे–धीरे कोई–न–कोई बहाना बनाकर मुझे बड़े से छोटे और छोटे से कमरे में शिफ्ट होना पड़ा।

कभी बच्चों की पढ़ाई का बहाना लेकर–कभी कुछ–कभी कुछ। और अन्ततः यह बाहर वाला, सबसे अलग छोटा–सा कमरा मिल गया। और मैं इसी बाहर के कमरे का वह दरवाज़ा जो इसे अन्दर की ओर पूरे घर से जोड़ता है, क्यों बन्द कर रखा है। वह इसलिए कि फिर कभी मुझे किसी नौकर या मेड के सामने छोटा न बनना पड़े।

उस दिन जब मुझे इस छोटे बाहरी कमरे में शिफ्ट किया जा रहा था, मैंने दोबारा कसम खायी थी। ठीक है, अब नहीं बोलूँगा।

डॉक्टर पूछेगा, कैसा लग रहा है। मैं चुप रहूँगा। बेटे पूछेंगे–बहुएँ पूछेंगी। पोती पूछेगी। रागनी पूछेगी। अड़ोसी–पड़ोसी पूछेंगे ऐसा कैसे हुआ। भला, कौन नहीं पूछेगा–कैसे हैं डैडी? कैसे हैं बाबूजी। कैसे हैं दद्दू। कैसे हैं कपूर साहब। मैं नहीं बोलूँगा। सोच लिया तो सोच लिया नहीं बोलूँगा।

बोलने से बचना आसान भी कितना है। कम–से–कम मेरे लिए। पड़े रहो आँखें मूँदकर। हिलो–डुलो नहीं। जवाब ही नहीं दो किसी को सब क्या समझेंगे। यही समझेंगे कि हाय बेचारे कपूर साहब! कितने शॉक में हैं। बोल ही नहीं रहे।

पर अभी–अभी तो कमलकिशोर ने कहा था। मैं बक–बक कर रहा हूँ। दिमाग़ में क्या–क्या तो घूम रहा है। हो सकता है। कुछ बक–बक भी कर ली हो। और इतना तो मैं भी समझता हूँ कि ऐसा हो नहीं पायेगा कि ज़िन्दगी में आइन्दा कभी बोलूँ ही नहीं। देखता हूँ कब तक चुप रह पाता हूँ।

हॉस्पिटल में तो अब नहीं ही बोलूँगा। अब तक जो बोला, सब बकवास ही तो माना गया।

घर पहुँचने के बाद भी–नहीं बोला–तो नहीं बोला–बोलना ही पड़ा तो थोड़ा बोल दिया।

हाँ, अब लाइफ स्टाइल कुछ ऐसी ही रखनी होगी।

यह एयरकंडिशनर आई.सी.यू. है। यहाँ ज़्यादा–से–ज़्यादा दो विजिटर्स एक साथ आ सकते हैं। वो भी शाम को, केवल 5 से 8 के बीच। बाकी मुझे डॉक्टर्स, नर्सेज और वार्ड बॉयज के भरोसे रहना पड़ता है। सब के सब कितना ख़्याल रखते हैं मेरा। हमेशा मुस्कराते रहेंगे। झुक कर बात करेंगे, प्यार से दवा देंगे, इज़्ज़त से खाना खिलाएँगे। जानता हूँ, इनकी यह मिठास ओढ़ी हुई है। नक़ली है।

केवल पैसों के लिए है। डॉक्टर्स अपना बिल अनाप–शनाप बनायेंगे और नर्सेज वगैरह भी। यहाँ से चलते वक़्त ऐसी शानदार टिप्स पायेंगे कि....

माना कि अपनी मुस्कानों को फ़सल की तरह बो रहे हैं। लेकिन इनकी बनावट में भी एक अजब–सी सरलता है। मुझे तो ये उन भोले बच्चों जैसे लगते हैं, जो टॉफी पाने की उम्मीद में आपकी ओर बार–बार देखते हैं और मुस्कराते हैं। मुस्कराना इनकी आदत में शुमार हो चुका है।

ज़माना कैसे तेज़ी से बदल रहा है। सब मौक़े की तलाश में हैं। कैसे मौक़ा मिले और अपना उल्लू सीधा करें। उस दिन दोनों भाई कमलकिशोर और रमेश चन्द्र कैसे आपस में उलझ गये थे। तब रमेश ने कमलकिशोर को आड़े हाथों ज़रूर लिया था इस सन्दर्भ में कि वह मुझे यानी डैड को जंगल में अकेला क्यों छोड़ आया था।

रमेश चन्द्र का इस प्रकार भाई को आड़े हाथों लेने के पीछे भी एक मकसद था। जो बहुत जल्दी ही सामने उसी समय आ गया था। रमेश को इन दिनों रुपये का टोटा पड़ रहा है। वजह चाहे जो हो। उसे कमलकिशोर की ओर से हर महीने जो मिलता है, वह इतना अधिक है कि ऊपर से कुछ माँगना। रमेश को समझ नहीं आया होगा कि ऊपर से माँगे कैसे। उस दिन उसे मेरे बहाने से मौक़ा मिल गया। कमलकिशोर ने तभी उससे कहा था, "क्यों न हम इस पर बाद में बात करें। रमेश निश्चित रूप से अपना मुँह बन्द रखने की क़ीमत माँग रहा था। नहीं मिलेगी क़ीमत जब तक, मारता रहेगा चोंच। हमेशा कुछ नहीं इस प्रकार लाख–दो लाख ऐंठ ही लेगा। कमल को भी उसे राज़ी–ख़ुशी प्यार से देना ही होगा।

नहीं तो बदनामी–बदनामी तो कमल किसी हाल में लेना नहीं चाहेगा।

इसीलिए कहता हूँ प्यार, इज़्ज़त, भाईचारा...सभी में घालमेल है।

हॉस्पिटल में अभी जो दसएक दिन गुज़ारे हैं मैंने, तब मन की गहराई से यही आवाज़ उठी है कि हर इन्सान अपने हालात के लिए ख़ुद ज़िम्मेदार होता है। आज अगर मैं शिकायत करता हूँ कि सगे बेटे मुझे सगे बाप की तरह क्यों नहीं रखते, तो कसूर मेरा ही है। क्योंकि मैंने ही ग़लत उम्मीद लगायी। क्या तमाम दुखों की जड़ यही नहीं है–ग़लत उम्मीद। अपनी उम्मीदों को शून्य पर ले जाकर अगर देखें तो फिर कहीं कोई दुख नहीं है।

तन–मन पर लगातार जो घाव महसूस करता हूँ, उसका राज़ यही है। मैं अपनी उम्मीदों को कभी शून्य पर नहीं ले जा सका। हमेशा यही उम्मीद रखी कि मेरे बच्चे मेरे हिसाब से जीयेंगे। न कि केवल मेरे बच्चे। बच्चों के बच्चे भी।

कितना ग़लत हूँ मैं और मेरी सोच। क्यों नहीं जी सकते यह सब ख़ुद अपने हिसाब से। क्यों नहीं मेरी समझ में यह आता है–इनका हिसाब मुझसे अलग भी हो सकता है। कमलकिशोर और रमेश चन्द्र, मुझे अपने हिसाब से सही तरह रख रहे होंगे जैसे सगे बाप को रखा जाये। मुझे वैसा अच्छा नहीं लगता तो यह मेरी ग़लती है। मेरी ग़लत उम्मीदों की ग़लती।

तो अब क्या करूँ। निकल जाऊँ संन्यास लेकर। छोड़ दूँ सारी मोहमाया। न मोहमाया रहेगी न ग़लत उम्मीदें बँधेगी...

किन्तु संन्यास लेने की सोचूँ ही क्यों? अति सर्वत्र वर्जयते। क्या मैं आलरेडी संन्यास नहीं ले चुका हूँ। कम–से–कम बोलने का–ज़्यादा–से–ज़्यादा चुप रहने का मेरा जो यह फ़ैसला है–क्या यह संन्यास का ही एक रूप नहीं। फ़िलहाल इतना ही काफ़ी है।

चौदह

हॉस्पिटल से लौट आया हूँ। कमल हाइट्स के अपने 17वें माले के अपने उसी एकाकी कमरे में।

पहला आधा घण्टा ख़ासा ठीक–ठाक गुज़रा। सारा परिवार हाज़िर था। तारा और इरफ़ान समेत।

सब चहक रहे थे। केवल मैं ख़ामोश था। और जैसा सोचा था ख़ामोश ही रहने वाला था।

अनु संजीदगी से बोली, "दद्दू मुझे आपसे कुछ सलाह लेनी है। इसलिए पहले। एकदम ठीक हो जाइए।"

इला ने तपाक से टोक दिया, "नहीं दद्दू को ज़रा भी डिस्टर्ब नहीं करना। अभी–अभी तो हॉस्पिटल से लौटे हैं। आया समझ में।"

"नहीं मम्मी। नहीं आया समझ में। क्योंकि मैं समझदार हूँ ही नहीं।'' कह कर अनु ज़रा हँसी। यक़ीनन वह एक बनावटी हँसी थी। मैंने पलकें उठाकर, उचरती–सी नज़र अनु के चेहरे पर डाली। मुझे लगा कहीं कुछ गड़बड़ अवश्य है। वह एक नाराज़ चेहरा था पर संजीदगी से भरा। हाँ, उसने हास्य का नकाब ज़रूर पहन रखा था। मैंने उसी पल सूँघ लिया अवश्य कोई नया तनाव पैदा हुआ है। माँ और बेटी के बीच।

चुपचाप मैंने बहू इला की तरफ़ देखा–इला और अनु। माँ बेटी हैं। अनु इला की इकलौती सन्तान है। दोनों को तो बहुत घनिष्ठ होना चाहिए। यहाँ तो इकलौती बिटिया ने माँ को ही शान्त कर दिया। वह भी पूरे परिवार के सामने।

इला भी ज़बरन मुस्कराने की कोशिश कर रही थी। फिर भी बेटी की तरफ़ उसने तीखी नज़र से देखा और कहा, 'हाँ, समझदार तो तुम बहुत हो। मुझे भी सिखा सकती हो।"

"नयी जनरेशन का यही तो कमाल है, मम्मी।" अनु ने एक बार फिर उसी नक़ली हँसी का सहारा लिया।

झूठा हँसी–मज़ाक़ भी कितना कुछ बता जाता है। मैं अकुलाने लगा। बात कहीं बढ़ न जाये। अनु 'स्नब' करती है, तो करती ही चली जाती है। वकालत पढ़ रही है। यूरोप जाने से पहले मुझे भी कैसे 'स्नब' किया था उसने। मैंने तो इसलिए सह लिया था कि सह लेने के सिवा मेरे पास चारा भी क्या था। मेरे पैरों के नीचे सूखी घास भी नहीं थी, जबकि इला के पैरों के नीचे तो विदेशी कालीन है। अगर उसने अनु की ईंट के जवाब में पत्थर दे मारा तो...कहीं ऐसा न हो इस वक़्त–सबके सामने...

कपूर परिवार की सदस्या न होने के बावजूद रागनी भी वहाँ मौजूद थी। उसकी ओर मैंने उड़ती नज़र से देखा और वह समझ गयी। बिना कोई भूमिका बाँधे उसने अनु की कमर में हाथ डाला और बुदबुदा कर कहा, "चल।"

कमरे से निकलते–निकलते रागनी ने गर्दन मोड़ कर मेरी ओर देखा। उसकी आँखों में भरे आश्वासन को मैंने तुरन्त पढ़ लिया। अवश्य वह मुझे पूरी सूचनाएँ लाकर देगी। अनु और उसकी माँ के बीच जो रस्साकशी है...क्यों है और कब से है...

लो, मैं फिर पड़ने लगा इस मामले में। मैंने तो सोच रखा था कि किसी से कुछ बोलना नहीं है। कहना नहीं है। और जब कुछ बोलना, कहना है ही नहीं तब सुनना भी कुछ नहीं है...रागनी आये और कुछ बताना शुरू करे, उससे पहले ही इशारा कर दूँगा सॉरी, मेरी दिलचस्पी नहीं है।

उस शाम उन गुण्डों से मेरी जो भिड़न्त हुई थी, मैं बेहोश होकर गिर गया था, लेकिन हड्डी एक नहीं टूटी थी। अपने आप में यह बात एक करिश्मे जैसी थी और इसीलिए सब ख़ुश हो रहे थे।

"वाह दद्दू क्या मज़बूत हड्डियाँ पायी हैं। उलटे उन्हीं के हाथ टूट गये होंगे–है न?"

मुझे भी इनकी ख़ुशी में शामिल होना चाहिए लेकिन नहीं। मैं केवल मुस्करा सकता हूँ। इनकी ख़ुशी इनके दिल से कितनी निकल रही है और कितनी दिमाग़ से, क्या मैं समझ नहीं सकता।

वे लोग इसलिए ख़ुश नहीं थे कि मेरी कोई हड्डी नहीं टूटी थी–बल्कि इसलिए ख़ुश थे कि एकाध हड्डी भी अगर टूट जाती, तो जुड़ने में कितना वक़्त लेती। बूढ़ों के दिल और बूढ़ों की हड्डियाँ आसानी से नहीं जुड़ पातीं–दुनिया जानती है। ऑपरेशन की नौबत आ जाती तो? ऊपर कहीं सरिया–वरिया बिठाना पड़ सकता था। 2–3 महीने के लिए बिस्तर पर पड़ जाता। कौन करता देखभाल। हज़ार नौकर हों घर में, बहुओं को तो खटना ही पड़ता है। बेटे भी परेशान होते हैं। पोते पोती टेंशन में आ जाते हैं।

ऐसा तो हो ही नहीं सकता था कि बुड्ढे को–यानी मुझे बिस्तर समेत उठाकर नर्सिंग होम में डिपॉजिट कर देते और तब तक वापस न लाते, जब तक आल ओ. के. का सर्टिफिकेट डॉक्टर न दे देता। घर में रखने में कितनी सिरदर्दी है। मिज़ाज़ पुरसी के लिए लोग ढेर के ढेर चले आयेंगे। सब को झेलो चाय–पानी से ख़ातिरदारी करो। फिर उनकी नज़र हमेशा इसी पर लगी रहेगी कि घर के लोग ठीक से खट रहे हैं या नहीं। सेवा–चाकरी कहीं नर्सों और नौकरों पर ही तो नहीं डाल रखी है। ज़रा–सी भी कसर रह गयी, तो दूर–दूर तक निन्दा। घराना चाहे बड़ा हो या छोटा–इन नाते–रिश्तेदारों का बड़ा लफड़ा है।

चलो अच्छा हुआ, हड्डी नहीं टूटी। हैरत, वैसे मुझे भी कुछ कम नहीं। जिस तरह वे मुझे पीट रहे थे, एकाध हड्डी तो टूटनी ही चाहिए थी। या शायद उन्होंने ज़्यादा पीटा ही नहीं। मैं बेहोश जो हो गया था। शायद पिटाई के कारण नहीं बल्कि इसलिए कि शॉक....

अच्छा लफ़्ज़ है यह शॉक डॉक्टर ने इसे कैसे खुल कर इस्तेमाल किया था, जब मैं हॉस्पिटल में था। उन्हीं से सुन–सुन कर यह शब्द

मेरी भी जुबान पर चढ़ गया है...शॉक। और अब तो इससे दोस्ती और भी गाढ़ी करनी पड़ेगी–जाने कितने शॉक लगने अभी बाकी हैं।

मगर निश्चित मानो मंगला। मेरी चुप्पी के पीछे कोई शॉक–वॉक नहीं है। मेरी अपनी मर्ज़ी है–मेरा अपना डिसीजन है। चाहूँगा, तो बोलूँगा। चाहूँगा ही नहीं तो क्यों बोलूँगा। डॉक्टरों के लिए अच्छी सुविधा रही। खट से समझा दिया सबको, कुछ नहीं शॉक में हैं। वक़्त गुज़रेगा अपने आप बोलेंगे।

हॉस्पिटल में बिताये तमाम दिन जंगल में आग की तरह धुआँ से उड़ चले...

सहसा मैंने अपना दाहिना हाथ ऊपर उठाया। सबको इशारा कर दिया सब जाओ यहाँ से। मुझे अकेला रहने दो बस।

सबका रंग उड़ गया। जिस ख़ामोशी से मैंने उन्हें जाने का इशारा दिया था–उसी ख़ामोशी से वे कमरे से निकलने लगे।

मैं उठा। दरवाज़ा बन्द किया। सिटकनी चढ़ाने लगा तो पाया कि उँगलियों में कँपकँपी सी हो रही है। है, तो होती रहे। आज से यह दरवाज़ा बन्द। नहीं रहेगा खुला–हरदम हर किसी के लिए।

पन्द्रह

डींग–डाँग। बन्द दरवाज़े के बाहर से किसी ने कॉलबेल दबायी है। सिटकनी तो चढ़ी हुई नहीं है। जो भी आया है, दरवाज़ा ठेल कर खोल सकता है। लेकिन बाहर खड़े व्यक्ति को क्या पता कि दरवाज़ा सिर्फ़ उढ़का हुआ है। क्या करूँ? बिस्तर पर बैठे–बैठे ज़ोर से कहूँ कि दरवाज़ा ठेलो, खुल जायेगा लेकिन जब न बोलने का फ़ैसला कर रखा है तब ज़ोर से ठेलो दरवाज़ा खुला है कहना भी क्या अपने फ़ैसले के विरुद्ध नहीं होगा। एक ही विकल्प रह जाता है, चुपचाप आलस्य छोड़कर उठूँ, और दरवाज़ा खोल दूँ।

यही किया मैंने। सामने ''रागनी।''

होंठों से, बस, फूटने ही वाला था, "अरे, आओ आओ।"

मैंने होंठ सी लिए। मगर आँखें चमक उठीं।

होंठों पर बारीक मुस्कान भी आने लगी। मैं अपनी मुस्कान रोक ही नहीं सका। रास्ता छोड़कर मैंने सोफ़े की ओर इशारा किया बैठने के लिए।

रागनी बैठी, मगर वहाँ नहीं। कॉर्नर चेअर मेरे बिस्तर तक खींच कर बैठ गयी। मैं सिरहाने से टिक कर अधलेटा हो चुका था। फैलती मुस्कान को समेट, हाथ के इशारे से पूछा, "कैसी हो?''

उसने भी इशारे में ही जवाब दिया।

"ठीक हूँ।"

कल अनु ने मेरे कमरे में कुछ कहा था। ''दू मुझे आपसे कोई राय लेनी है इसलिए आप जल्दी से ठीक हो जाइए।'' शायद रागनी उसी सन्दर्भ में मुझे कुछ बताने आयी है।

जाने किस मुद्दे पर क्या पूछना है अनु को... यह वही अनु है जिसने यूरोप जाने से पहले मेरी हर बात को सिरे से इनकार कर दिया था।

उसी को अब मेरे मशविरे का इन्तज़ार है। सूरज कहीं पश्चिम से तो नहीं निकला।

अनु मेरी फेवरिट पोती है। बचपन से मैंने उसे लड़कों की तरह ही ट्रीट किया। यह मैं ही था, जिसने हमेशा उससे कहा था कि ज़िन्दगी जियो, बिन्दास जियो। ब्लैक बेल्ट चैम्पियन बन के जियो। छपाछप तैराकी करो और जियो। हमेशा याद रख कर जियो कि लड़के–लड़की में कोई फ़र्क़ नहीं होता। और यह मैं ही था जिसने अनु के यूरोप जाते समय उससे कहा था, लड़के–लड़की में एक बुनियादी फ़र्क़ तो है ही। ऐसा फ़र्क़ जो मिटाये नहीं मिट सके।

क्या यह विरोधाभास नहीं है? पुरानी और नयी पीढ़ी के सन्धि स्थल पर खड़ी एक पुरानी सोच का?

इसी सन्दर्भ में मुझे याद आ रही है लाफ्टर क्लब के हमारे एक साथी की। उनके बेटे ने ग्रेजुएशन पूरा कर लिया था। अब सोचना था अपने भविष्य को सजाने–सँवारने के लिए वह कौन–सा करियर चुने। पिता ने अपने कई सुझाव दिये जैसा कि अमूमन होता है। एक डॉक्टर या इंजीनियर या चार्टर्ड अकाउंटेंट बनने का। तब उनके बेटे ने बड़े आदरपूर्वक जो बात कही, वह कितनी सही और सत्य थी–यह मेरी समझ में आज आ रहा है। उसने कहा था, पिताजी, आप अपनी ज़िन्दगी जी चुके, अपने ढंग से और आज आप चाहते हैं कि आप मेरी ज़िन्दगी भी जियें। इस तरह तो आप दो ज़िन्दगियाँ जीना चाहते हैं–एक अपनी जो आप जी चुके और एक मेरी। इस तरह तो मेरे पास मेरी ज़िन्दगी मेरे लिए बचेगी ही नहीं। आप मेरी ज़िन्दगी मुझे अपने ढंग से जी लेने दीजिए, उसे आप मुझसे क्यों छीनना चाहते हैं।

मैं मानता हूँ कि हमारी सोच हमारे बच्चों के लिए अपनी जगह सही है फिर भी जो सत्य है वह यही है कि अनजाने में हम हर किसी

की ज़िन्दगी अपने ढंग से नियमित करना चाहते हैं–चाहे वह पत्नी हो, बेटा हो–बहू हो या पोते–पोती हों।

अच्छा हुआ, यह बात अब मेरी समझ में आ गयी बाद में तो अंकुर पेड़ बन जाता।

इस वक़्त अगर रागनी नहीं आयी होती। स्वयं अनु ही आ गयी होती–तब भी क्या मैं ऐसे ही मौनी बाबा बना होता।

तो फिर रागनी से क्या बैर? क्यों मैं उसका स्वागत सिर्फ़ इशारों से कर रहा हूँ। ख़ुशी और उत्साह के साथ अगर बोल पड़ता, आओ रागनी? तो कौन–सा पहाड़ टूट पड़ता।

कल अनु को साथ ले जाते–जाते रागनी ने कितनी गहराई से देखा था मेरी ओर। क्या वह क्षण–एक घनिष्ठता का क्षण नहीं था कि वह मुझे कुछ ख़ास बातें बतायेगी। और मैं भी उन बातों को सहेज–सँभल कर...उसी रागनी का स्वागत मैं कैसे इस तरह...।

क्या यह मेरी अकड़ नहीं है–नहीं यह मेरा संकल्प है–संकल्प–माई फुट।

इस अकड़ से मुझे बाहर निकल आना चाहिए। मगर कैसे? कोई आधार–कोई तरीक़ा?

आधार या तरीक़ा जब तक न मिले तब तक। मैंने पास पड़ा बॉल पेन उठा लिया। झटके से खोल कर कुछ लिखने जा ही रहा था कि रागनी ने झपट्टा मार कर पेन मेरे हाथ से छीन लिया।

बमक कर बोली, "नहीं बोलेंगे।"

मैंने इनकार में सिर हिलाया।

"मेरे साथ भी नहीं बोलेंगे।"

मैंने अपना सिर स्थिर रखा–हाँ भी नहीं की न भी नहीं।

"ऐसी भी क्या नाराज़गी है–अभी तक। शॉक्ड हैं क्या?"

बस, जैसे इसी का इन्तज़ार था। उड़ गया फ्यूज़।

धड़ाधड़ बोलता चला गया। उस दिन हॉस्पिटल में डॉक्टर के सामने, साला, इधर मैं बोल रहा हूँ, उधर वह फरमाता है कि यह

बोल थोड़े ही रहा है, यह तो बक रहा है। अरे मैं तो ख़ुद ही सब सच बता रहा था। वाह–वाह क्या बात है। और जब मैं चुप हो गया तो साले ने फ़रमाया कि शॉक लग गया है। शॉक माय फुट। और अगर लग गया शॉक तो तुम्हें क्या? तुम तो बस अपना काम करते जाओ। इंजेक्शन ठोंकते जाओ। सुलाये रखो, ज़बरन।

''शाबाश। यह हुई न कोई बात। ऐसे ही बोलते रहिए वरना अन्दर ही अन्दर घुटते रहेंगे''–रागनी ने कहा।

"मुझे बोलना ही नहीं था, तुमने बुलवा दिया।"

"हर बार क्या मुझको आना होगा? बुलवाने। क्या आप भी। बच्चों की तरह कुट्टी कर लेते हैं।"

हद हो गयी, झिलमिल जैसी बच्ची मुझे बच्चा कहती है। रागनी जैसी वयस्क महिला भी मुझे बच्चा कहती है। सच में क्या मैं बच्चा हूँ...और नयी जनरेशन के लिए मिसफिट।

"फिर क्या सोचने लगे–कपूर जी? तोबा करिए होश में आइ ए।"

"होश में आऊँ? तो क्या मैं बेहोश हूँ। कौन कहता है मैं बेहोश हूँ। बेहोश होगी तुम।''

''करेक्ट, मैं बेहोश हूँ। आप होश में हैं तो इतना तो याद है न कि मैं कुछ बताने आयी हूँ।''

सोचो मंगला। रागनी ने क्या बताया होगा।

रागनी ने जो बताया–उसे सुनकर मैं एक़दम शान्त हो गया–मेरी उत्सुकता जाग उठी थी।

मैंने रागनी से कहा, "अच्छा छोड़ो–बताओ भी क्या बात है–अनु क्या बताने आयी थी।"

रागनी ने कहा, "बचपन में आपके द्वारा बतायी गयी एक कहानी बताने आयी थी।"

''कहानी?''

"मैं तो उसे बचपन में बहुत–सी कहानियाँ सुनाया करता था। ऐसी कौन–सी कहानी है जो उसे अभी तक याद है।''

रागनी ने जो कहा, उसे सुनकर मैं धड़ाम से बिस्तर पर गिर पड़ा।

कहानी यूँ थी।

एक नवजात बच्चा भगवान से सवाल करता है।

"मैंने सुना है कल आप मुझे धरती पर भेज रहे हैं, लेकिन मैं इतना छोटा और असहाय हूँ फिर वहाँ कैसे ज़िन्दा रहूँगा?''

भगवान ने कहा, ''तुम्हारे फ़रिश्ते वहाँ तुम्हारा इन्तज़ार कर रहे हैं। वे तुम्हारी देखभाल करेंगे।''

बच्चा, ''लेकिन यहाँ मुझे कुछ काम नहीं करना पड़ता। बस, गाता और मुस्कराता हूँ।''

भगवान, ''वहाँ तुम्हारे फ़रिश्ते तुम्हारे लिए गायेंगे और तुम मुस्कराओगे।''

बच्चा, "मुझे उनकी बोली नहीं समझ में आयेगी तो मैं कैसे सीखूँगा?''

भगवान, ''तुम्हारे फ़रिश्ते तुम्हें दुनिया के सबसे प्यारे शब्द बेहद प्यार से सिखायेंगे।''

बच्चा, ''लेकिन वहाँ मेरी देखभाल, मेरी हिफ़ाजत कौन करेगा?''

भगवान, ''तुम्हारे फ़रिश्ते–वे अपनी जान की बाज़ी लगाकर तुम्हारी जान बचायेंगे।''

बच्चा, ''ठीक है, लेकिन मेरे फरिश्तों का नाम तो बता दो।''

भगवान, ''तुम्हारे पैरेंट्स।''

एक बड़े सच को समझने के लिए काफ़ी थी यह छोटी–सी कहानी जो उसके ज़हन में कहीं–न–कहीं अटक गयी थी।

एक ऐसा सच जिसे उम्र बढ़ने के साथ नौजवान भूलते जा रहे हैं।

कुछ अनजाने में और कुछ ज़िन्दगी की जद्दोजहद–उन्हें विवश कर देती है इसे भूलने पर।

इसमें सबसे ज़्यादा इग्नोर होते हैं हमारे जैसे बुजुर्ग।

जिन पैरेंट्स ने बचपन में उन्हें उँगली पकड़कर चलना सिखाया होता है—उनकी काँपती उँगलियों को पकड़ने का न उनके पास वक़्त होता है और न ही चाहत।

अनु अभी—अभी विदेश घूम कर लौटी है। बचपन से उसे अकेले—बूढ़े लोगों, कमज़ोर—बेसहारा जानवरों से लगाव रहा है। बेशक वह मेरी हालत देखकर परेशान हो गयी होगी—अवश्य विदेश में भी ऐसी स्थितियों से उसका सामना पड़ा होगा—शायद कुछ विकल्प उसके दिमाग़ में घूम रहे होंगे जिन्हें वह मुझसे साझा करने आयी होगी।

कितना सरल हो जाता जीवन—यदि कोई विकल्प नहीं रहता।

मंगला, रागनी बोले जा रही थी। मैं रागनी की बातें सुन भी रहा था और नहीं भी सुन रहा था।

यही तो मेरी मुश्किल है। दिमाग़ कहाँ से कहाँ भटक जाता है।

ख़ैर, एक झटके से मैंने दोबारा रागनी की ओर देखा—वह कहे जा रही थी।

अनु का कहना है कि आपकी सारी समस्याओं की जड़ है आपका अकेलापन। आप किसी से मिलते—जुलते नहीं हो—कोई कम्पनी नहीं है—आपके पास न कोई सोशल लाइफ है। सब सुख—सुविधाएँ हैं फिर भी आप फेमिली से कटा महसूस करते हैं।

क्यों न आप सीनियर सिटिजन होम में रहने लगें—वहाँ कम्पनी भी होगी—सोशल लाइफ भी होगी—सबके पास वक़्त बिताने के साधन भी होंगे—एक—दूसरे के साथ मिल—बैठकर साझा करने के लिए दीन—दुनिया की बातें भी कर सकेंगे तो अकेलापन नहीं महसूस होगा और फिर हम लोग तो आते—जाते रहेंगे ही। आपका जब भी मन हो—आ जाइएगा।

कितनी बड़ी बात का कितना सहज सुझाव दिया इस विकल्प ने।

रागनी तो बता कर निकल गयी।

मैं बस सब सुनकर सन्न—सा बैठा रह गया।

सोलह

सब चरमरा कर गिर रहा है। इतने धनी परिवार के मुखिया के रूप में बैठा हूँ। मगर विध्वंश को रोक नहीं पा रहा। कितने ही लेखों में पढ़ा था, प्रवचनों में भी सुना था, धन केवल सुविधाएँ दे सकता है, सुख नहीं। सुख तो मन के साथ जुड़ा है। ये बातें उस समय हाँ हूँ करके कबूल कर ली थीं, इसलिए कि आसपास का हर कोई वैसा मानते दिख रहा था। फिर भला मैं कैसे इन्कार कर देता। धन के ढेर पर विराजमान हूँ। स्वयं के बच्चे धन के ढेर पर बैठे हैं तो मैं ही तो बैठा हूँ। बच्चे क्या मुझसे अलग हैं। चाहे जैसा बर्ताव करते हों, हैं तो मेरे ही बच्चे। कितनी सुविधाएँ जमा की हैं इन्होंने लेकिन सुख। वो हर पल छीज रहा है...इनका सुख...मेरा भी सुख।

कमलकिशोर ख़ुश नहीं है। जितना बड़ा बिल्डर वो बनना चाहता है, उतना बड़ा बन नहीं पा रहा। रमेश चन्द्र भी नाख़ुश है। राजनीति पर उसकी पकड़ अभी तक नहीं है जिससे विधानसभा का चुनाव जीतने की पक्की उम्मीद वह रख सके। इसके बावजूद निश्चित है कि वह चुनाव में खड़ा होगा और हारेगा।

दोनों भाइयों की बीवियाँ–इला और चाँदनी भी लगातार मायूस ही दिखाई पड़ती हैं। वैसे देखें तो दोनों बहुओं को भला क्या दुख है। कड़ी धूप में मशक्कत करने तो वे कभी निकलती नहीं हैं फिर भी वे दुखी रहती हैं तो इसकी दो वजहें ही हो सकती हैं। एक तो यह कि इनके पति हमेशा टेंशन में रहते हैं। ख़ुश नहीं रहते–टेंशन में ही जीते और चिढ़ते रहते हैं।

दूसरी वजह है वह हसरतें जो इला और चाँदनी ने ज़ाती तौर पर पाल रखी हैं। जिन्हें ये दोनों शायद ही कभी पूरा कर सकें। क्योंकि वक़्त इनके हाथ से निकल चुका है।

रहीं कमलकिशोर और रमेश चन्द्र की सन्तानें अनुष्का, अजय और अभय। मैं नहीं सोचता कि इन्हें पता है कि सुख की चाभी अमीरी में नहीं छिपी होती है। अमीरी सुख नहीं केवल सुविधाएँ पैदा कर सकती है। अमीरों को अक्सर जो ग़लतफहमी हो जाती है, वह यही है कि वे सुविधाओं को ही अपने सुख के रूप में देखने लगते हैं। अनुष्का, अजय और अभय को किसी दिन जब होश आयेगा कि वे सुख में नहीं, केवल मशीनी सुविधाओं में जी रहे हैं, तब वे घबरा जायेंगे। हो सकता है सुख की तलाश में वे नये सिरे से निकल पड़ें और सफल हो जायें। यह भी हो सकता है, अपने दुख के ही दरिया में वे हमेशा के लिए डूब जायें। पर ऐसा हो नहीं, मैं रात–दिन ईश्वर से यही दुआ माँगता हूँ।

कमल हाइट्स नामक यह टॉवर है, सुविधाओं के महाकुम्भ जैसा–यहाँ अमीरी तो अपार है। मगर सुख? सुख कितना है यहाँ?

हर फ्लोर पर उपेक्षा, अकेलापन, शिकायतें, मजबूरियाँ, महत्त्वाकांक्षाएँ और प्रतिशोध के धू–धू करते ज्वालामुखी। नकली ठहाके, धोखे, स्पर्धाओं के घात–प्रतिघात, आशंका, आदरणीय बुजुर्गों के ठठोली करने का ज़बरन पाया अधिकार–फ़ैशन और आधुनिकता के धुँधलके में एक–दूसरे को टटोलते नर, नारी, सुविधाओं के कवच के ज़बरदस्त वज़न को हँस–हँस कर झेलते ये तमाम अमीर–कितने सुखी हैं ये...?

कुछ लोगों के लिए ख़ुश होने का या सुखी होने का अर्थ होता है उनकी ज़रूरतों और इच्छाओं का पूरा होना। छोटी–छोटी ख़ुशियों में ही वे अपना सुख ढूँढ़ते हैं। उन्हीं में व्यस्त और मस्त रहते हैं। वे अतीत का आकलन भी वर्तमान के साये में करते हैं।

पर मंगला ऐसी ख़ुशी तो बहुत अस्थायी होती है। हम सुबह ख़ुश हो सकते हैं पर शाम को यह ख़ुशी ग़ायब हो सकती है। ऐसे जीवन को हम सार्थक जीवन नहीं कह सकते।

दूसरी तरफ़ एक सार्थक जीवन होता है। वह एक जटिल सोच है। सार्थकता की चाह समय के परे जाकर कुछ सोचने पर मजबूर करती है और तब इन्सान अतीत और वर्तमान तथा भविष्य को मिलाकर देखता है। वह सोचता है कि उसके जीवन का मक़सद क्या है। लगातार बदलती ज़िन्दगी में सार्थकता एक अहम पहलू है जिससे जीवन में स्थिरता लायी जा सकती है। इससे हम इनकार नहीं कर सकते।

शायद मैं अतीत, वर्तमान और भविष्य के ऐसे ही सन्धि स्थल पर खड़ा हूँ। अब यह मेरे ऊपर है दोनों में से किसको चुनूँ। एक सार्थक जीवन या एक नकारात्मक जीवन सुख–सुविधाओं से भरपूर।

चलो, इनकी बात नहीं करता। केवल अपनी सोचूँ। ख़ुद मैं कितना सुखी हूँ। सुविधाएँ तो ऐसी ज़बरदस्त भोग रहा हूँ कि सैर करने को हर दम गाड़ी खड़ी है। नौकरों–चाकरों की भीड़ है। लेकिन अनु ने ठीक सोचा कितना अकेला महसूस करता हूँ मैं, अपने में ही सिमटा हुआ। ज़िन्दगी से नाख़ुश।

एक डेलिकेट बात बताऊँ मंगला। कितना नाज था अपनी सेहत पर। केवल कमर और पीठ में ही थोड़ी बहुत प्रॉब्लम थी ना लेकिन अभी हॉस्पिटल में जो दो हफ़्ते गुज़ार कर आया हूँ। सर से पैर तक, हर अंग की जाँच की गयी। सब कुछ ठीक है। नज़र में पहले जैसा पैनापन नहीं रहा। कैल्शियम बेशक बिना नागा लेता रहा हूँ, लेकिन हड्डियाँ उसे जज़्ब नहीं कर रही हैं।

गनीमत डॉक्टर को मैंने अब तक भनक नहीं लगने दी है कि मुझे लोगों के नाम याद नहीं रहते। तारीख़ें भूल जाता हूँ, दिन भूल जाता हूँ। माना, भूला हुआ अचानक याद भी आ जाता है लेकिन कोई दिन ऐसा आयेगा ही जब दोबारा कुछ याद नहीं आयेगा।

एक बार भूला तो सदा के लिए भूला...आल्जाइमर्स...।

क्या मैंने ग़लती की, जो अपने इस रहस्य को डॉक्टर से छिपा गया। लेकिन ऐसा सोचूँ ही क्यूँ कि जो कुछ है तो आल्जाइमर्स ही है।

क्या नौजवान कभी नहीं भूलते, तारीख़ें या नाम या और कुछ तो क्या ये सब इसी बीमारी के मरीज़ हैं। बूढ़े भी नौजवान भी। इम्पॉसिबल। फ़िलहाल यही मान कर चलूँ–नहीं है कुछ आल्जाइमर्स जैसा। पक्के लक्षण अगर उभरेंगे–जब उभरेंगे तब डॉक्टर से छिपे थोड़े ही रहेंगे। लाख छिपाना चाहूँगा तो भी। तो फिर क्यों कोई भी बात ऐसी कहूँ, जो डॉक्टर को शक में डाल दे और मुझे शक के घेरे में अभी से।

यह सब तो होना ही है। बढ़ती उम्र क्या इतनी भी न झलके। अभी से क्यों परेशान होना है। शेक्सपियर ने अपने नाटक किंगलियर में एक बार लिखा था Ripeness is all. यानी पकना ही सब कुछ है। पकने की अन्तिम अवस्था है बिखर जाना यह सिर्फ़ बाहर की दुनिया का ही नहीं, भीतर का भी सत्य है। चाहे हमारी इच्छाएँ हों, विचार हों या सम्बल हो, जब पक जायेंगे यानी पूरी तरह विकसित हो जायेंगे तो उनका अन्त बिखरने में ही होगा।

सबका अन्त बिखरने में ही होगा–यह निश्चित सत्य है, तो फिर इसके लिए इतना सोच क्यों रहा है तू। क्या तू हिम्मत हार बैठा है? इसीलिए ऐसा सोचता रहता है। हिम्मत को समेट। अपने आपको इकट्ठा कर मन से हार रहा है तू। मन को मज़बूत बना, समझा ले कि यह भी ज़िन्दगी का एक रंग है। और इसका डट कर सामना करना है, ताकि बदली परिस्थितियों में जीवन की नयी दिशा ढूँढ़ी जा सके। और अगर तू इतना भी नहीं कर सकता तो नवजात शिशु की तरह अगर तुझे अपने ही खोल में रहना है तो इसी तरह जीकर मर। बेहतर यही होगा कि तू अपने लिए कोई नया रास्ता ढूँढ़ ले।

हाँ, यही ठीक रहेगा मंगला। बाहर के सांसारिक चक्रव्यूह में, आसक्तियों एवं परिवार जनों के चक्रव्यूह में फँस कर मेरी स्थिति बचपन में सुनी ऊँटों के उस क़ाफ़िले की कहानी की तरह हो गयी है जो एक रात रेगिस्तान से गुज़र रहा था। अँधेरा होता देख क़ाफ़िले के मालिक ने एक सराय में रुकने का फ़ैसला किया।

क़ाफ़िले में 77 ऊँट थे। सभी ऊँटों को ज़मीन में खूँटियाँ गाड़ कर रस्सियों से बाँध दिया गया। किन्तु एक ऊँट के लिए रस्सी कम पड़ गयी। मालिक परेशान हो गया। यदि ऊँट को बाँधा नहीं गया तो वह रात में कहीं इधर–उधर चला गया–तो मैं उसे कहाँ खोजता फिरूँगा। अपनी परेशानी उसने सराय के मालिक को बतायी।

सराय के मालिक ने कहा–यह कौन बड़ी बात है। तुम खूँटी गाड़ते वक़्त वैसी ही चोट करो, जो वास्तव में खूँटी बाँधते समय की जाती है। ऊँट को यह अहसास कराओ कि उसे रस्सी से बाँधा जा रहा है। क़ाफ़िले के सरदार को विश्वास तो नहीं हुआ कि ऐसा करने से कुछ नतीजा निकलेगा। पर क्योंकि दूसरा कोई रास्ता नहीं था, इसलिए उसने वैसा ही किया।

खूँटी गाड़ी गयी–गाड़ते वक़्त वैसी ही चोटें की गयीं। ऊँट ने चोटों की आवाज़ सुनी और समझ लिया कि वह बँध चुका है। वह बैठा और सो गया। दूसरे दिन सुबह 77 ऊँटों की खूँटियाँ उखाड़ी गयीं–रस्सियाँ खोली गयीं। सभी ऊँट उठ कर चल पड़े। पर वह एक ऊँट बैठा ही रहा। मालिक को आश्चर्य हुआ! अरे! यह तो बँधा भी नहीं है। फिर क्यों उठ नहीं रहा है।

सराय के मालिक ने समझाया, तुम्हारे लिए यहाँ खूँटी का बन्धन नहीं है–मगर ऊँट के लिए है। वह अभी भी सोच रहा है कि वह खूँटी से बँधा है। इसलिए वैसी ही व्यवस्था करो जैसी रात को खूँटी बाँधते वक़्त की थी। वैसे ही अब खूँटी उखाड़ने और बँधी रस्सी खोलने की कवायद करो। ऊँट को अहसास कराओ कि खूँटी उखड़ गयी है और रस्सी खुल गयी है। क़ाफ़िले के मालिक ने वैसा ही अभिनय किया। और ऊँट उठ कर खड़ा हो गया–फिर चल पड़ा।

मैं भी तो ऐसी ही खूँटियों और रस्सियों से बँधा हुआ हूँ। मोह के बन्धनों से जिनका कोई अन्त नहीं है और यही सोच मुझे निराशावादी बना रही है।

चाहता मैं केवल इतना हूँ मंगला कि मेरे आसपास किसी भी तर्क या कुतर्क के ज़ोर पर अनाचार न हो। शेष संसार में अगर घालमेल चल रहा है, तो चले। इस घालमेल को भले ही मैं चुपचाप ठिठुरता हुआ नहीं देख सकता, अपनी नाराज़गी जताने का, ज़ोर से चीख़ पड़ने का मुझे पूरा अधिकार है। इस अधिकार का मैं चाहे–अनचाहे उपयोग भी कर लेता हूँ। किन्तु मन की गहराई में मुझे सदैव समझ में आता रहा है कि मैं अकेला दुनिया को नहीं बदल सकता। चिढ़ इसलिए जाता हूँ, आत्मरक्षा के लिए डंक भी इसलिए उठाये रखता हूँ कि जिस दुनिया को मैं नहीं बदल सकता, ख़ुद वही दुनिया कहीं मुझे ही न बदल डाले। दुनिया ने मुझे इसी दबाव में हमेशा रखा कि अगर मैंने नयी पीढ़ी के धूम–धड़ाके को एप्रीशियेट करने के लिए अपना पुराना चश्मा नहीं बदला, तो मैं गधा।

मन के इन्हीं तर्क–कुतर्क को मैं तुम्हारे सामने रख रहा हूँ मंगला। मुझे भी तो अधिकार है, अपना जी हल्का करने का...ओह! यह जी हल्का करना। इसका फेर ही ग़ज़ब का है। दुनिया के बड़े–से–बड़े रहस्य इसी फेर में खुल चुके हैं। आगे भी खुलेंगे। मानता हूँ इससे होना–हवाना कुछ नहीं है, सिर्फ़ मेरे मन का बोझ कुछ कम होगा। मेरे दिन, ख़ासकर मेरी रातें कुछ बेहतर ढंग से गुज़र जायेंगी बस!

रातें...

रात गहरी होते ही टावर की शख़्सियत एकाएक बदलती है। आधी रात के सन्नाटे में सिक्यूरिटी गार्ड पम्प चालू कर पानी टंकी में चढ़ाते हैं। टॉप फ्लोर के भी ऊपर, टेरेस पर बनी विशाल टंकी जल्दी नहीं भरती।

शक्तिशाली मोटर धकाधक पानी चढ़ाये जाती है। नाराज़ पानी जब आसमान की ओर उठता है तब पूरे पाइप को जैसे ज़िन्दा करता जाता है। ग्राउंड फ्लोर से सीधा टेरेस तक सीधा तना पाइप। अन्दर–ही–अन्दर से चढ़ रहे पानी का भार सहकर, कभी तो कराहने लगता है और कभी खड़खड़ ध्वनि करता–प्रेत जैसे ढंग से हँसने भी लगता है।

कल, आधी रात के अन्धकार में, कमल हाइट्स के गगनचुम्बी ढाँचे ने जो रोना शुरू किया सुबह होने तक सारा टावर रोता ही रहा है। टावर के रहने वाले नहीं, ख़ुद यह सीमेंटी टावर टिटिया कर रो रहा था। मेरी नींद वैसे ही कच्ची है, ऊपर से यह आवाज़ें... जाग–जाग कर जी हलकान हो गया।

कमल हाइट्स के पहलू में, हर माले पर, कई सजावटी खाँचे बने हुए हैं। आधी रात को बिल्ली के दो बच्चे, पता नहीं कैसे, एक खाँचे में गिरे और फँस गये। वे रोने लगे, शुरू में धीरे–धीरे फिर क्रमशः ज़ोर–ज़ोर से।

तुमने रात के सन्नाटे में बिल्लियों को टिटिया कर रोते हुए सुना है कभी। श्मशान की साँय–साँय में भी उतनी भयानकता नहीं होती। जितनी सूनी रात में रोती हुई बिल्लियों में होती है। मेरी तो रूह फना हो गयी।

रात का काला अन्धकार ऊपर से बिल्लियों का रोना–डर और हताशा ने मुझे ऐसा दबोचा कि मैं चीख़ना तक भूल गया। मन को दिलासा दिया–अरे ये सिर्फ़ बिल्ली के बच्चे हैं। रात बेशक काली है पर इनसे डरना कैसा?

ख़ुद से बोला–उठ स्विच दबा, अभी रोशनी हो जायेगी बाहर अँधेरा है तो होता रहे, मैं अपने कमरे में तो रोशनी कर ही सकता हूँ। मुझे असल में ऐसे घुप अँधेरे में सोना ही नहीं चाहिए। रोज़ तो नाइट बल्ब जला कर सोता हूँ आज कैसे इतना अन्धकार कर लिया। क्या सिर्फ़ इसलिए कि नींद नहीं आ रही थी और नाइट बल्ब की फीकी रोशनी भी आँखों में चुभ रही थी।

ख़ैर, काँपते हाथों से मैंने स्विच ऑन किया। नाइट बल्ब में से फीकी रोशनी झरने लगी। अब उतनी रोशनी भी मेरे डर को नहीं भगा सकी, दूसरा स्विच ऑन किया। सोचा, आइन्दा कभी ऐसे धुप अँधेरे में नहीं सोऊँगा।

बाहर से सिक्योरिटी गार्ड्स की आवाज़ें सुनायी देने लगी थीं। बिल्लियों के मनहूस रोदन से छुटकारा पाने के लिए वे भी हरकत में आ चुके थे। अँधेरी रात में उड़–उड़कर आते उनके शब्दों से मालूम पड़ा कि बिल्ली के बच्चे चौदहवें माले के खाँचे में फँस गये थे।

ट्यूब जलती छोड़कर मैं अपने कमरे से निकलकर धीरे–धीरे जीना उतरने लगा। बिल्लियों का रोदन और स्पष्ट होता गया। सिक्योरिटी गार्ड्स ने मुझे चौदहवें माले पर उतरते देखा, तो हैरत से बोला, ''अरे दादा जी, आप।''

मैं चुप रहा। बुत की तरह निस्पन्द खड़ा मैं उनकी कार्रवाई देखता रहा। रात के अँधेरे में बिल्ली के बच्चों को उस खाँचे में से उठाया किस तरह जाये। यह सिक्योरिटी गार्ड्स की समझ में नहीं आ रहा था। आख़िर उन्होंने तय किया कि अब जो होगा वह सुबह होने पर ही होगा। बच्चों को बिलखता छोड़ वे लौट पड़े नीचे अपने केबिन की ओर।

मैं भी लौट आया। अपना दरवाज़ा अन्दर से बन्द किया। मगर वह मनहूस रोदन रह–रहकर कानों में आता रहा। मैंने लाइट नहीं बुझायी। सोने की कोशिश की। पर नींद कहाँ आती। जागता हुआ। मैं चित लेटा रहा।

पन्द्रह–बीस मिनट बाद एक और बिल्ली का रोदन उस पुराने रोदन में शामिल हो गया। नन्ही बिल्लियों की आवाज़ें बारीक और नाजुक थीं।

अब जो आवाज़ शामिल हुई वह मोटी और उम्र दराज थी। शायद बच्चों की माँ आ पहुँची थी। रात में जाने कहाँ–कहाँ ढूँढ़ती रही होगी अपनी नन्ही जानों को। और फिर किस–किस अड़चन को पार करती हुई वह आ पहुँची होगी उस मनहूस खाँचे पर। मैं कल्पना करने लगा। बार–बार टिटिया कर वह अपने बच्चों को ढाँढस बँधा रही थी कि अब वह अकेले नहीं हैं–उनकी माँ उनके पास आ गयी है–उन्हें इस मुसीबत से निकालने के लिए।

सुबह होते ही सिक्योरिटी गार्ड्स फिर आ पहुँचे। उन्होंने बाँस के सहारे एक बोरी उस खाँचे में उतारी। बोरी का मुँह उन्होंने खोल दिया था। बिल्ली के बच्चे भूख, प्यास और रोदन से अधमरे हो गये थे। उनके गले बुरी तरह बैठ गये थे। बोरी के खुले मुँह की तरफ़ उन्हें बार–बार ठेला जाने लगा। लेकिन उनकी बुद्धि में नहीं आ रहा था कि अगर वे बोरी में जा घुसेंगे–तो फिर बाहर कैसे आयेंगे। वह तो एक नरक से दूसरे नरक में जा गिरेंगे। बच्चों की माँ को भी शुरू–शुरू में यही लगा कि उसके प्यारे बच्चों को घात लगा कर पकड़ा जा रहा है। उसने सिक्योरिटी गार्ड्स पर कई झपट्टे मारे। लेकिन उसे डाँट–डपटकर परे हटा दिया गया। फिर शायद उसकी समझ में आ गया कि जो हो रहा है वह सही हो रहा है। हालाँकि फिर भी वह लगातार मँडराती और कराहती रही।

चौदहवें माले पर अब तक हर उम्र के तमाशबीनों की भीड़ लग गयी थी। सब उसी तरह असहाय होकर खाँचे में फँसे हुए बच्चों को देख रहे थे जैसे उन नन्हे बच्चों की माँ उन्हें टुकुर–टुकुर निहार रही थी। अब वह कभी–कभार ही आवाज़ कर रही थी। रो तो बिल्कुल नहीं रही थी। बच्चे भी थक कर चूर हो गये थे–उन्होंने भी रोना बन्द कर दिया था। शायद अब उन्हें तसल्ली हो गयी थी कि सहायता उनके भले के लिए की जा रही है। अन्ततः एक बच्चे को लाठी से ठेंक–ठेंक कर किसी तरह बोरी के खुले मुँह में धकेला गया। फिर तो दूसरा बच्चा भी छलाँग मार कर बोरी के खुले मुँह में कूद गया। बोरी को फ़ौरन ऊपर खींच लिया गया। सिक्योरिटी गार्ड्स अपनी सफलता पर अपनी ही पीठ ठोंक रहे थे। लोगों की भीड़ ने भी राहत की साँस ली।

दोनों बच्चों को वहीं का वहीं बोरी से निकाल कर आज़ाद छोड़ दिया गया। वे अपनी माँ से चिपट गये। माँ उन्हें बेसब्री से चाटने लगी–बच्चे माँ की ममता से बेख़बर चबर–चबर दूध पीने लगे।

मैं मुस्कराता खड़ा, माँ और सन्तान के बीच प्रेम का वह अनन्य दृश्य देखने लगा। पशुओं का प्रेम कितना निःस्वार्थ होता है।

एक–दूसरे से वे कोई उम्मीद ही नहीं रखते हैं जबकि हम मनुष्य लगातार अपने बच्चों से बड़ी–बड़ी उम्मीदें रखते हैं। अपने नन्हे बच्चों को चाट–चाट कर, हुलस–हुलस कर दूध पिला रही यह बिल्ली माँ। क्या इसने कभी हिसाब लगाया होगा कि अगर वह अपने बच्चों को अच्छे से पाले पोसेगी तो वे बड़े होकर उसके बुढ़ापे की लाठी बनेंगे, जबकि मैंने क्या किया। परवरिश देते हुए लगातार उम्मीद रखी कि बच्चे मेरे अपने हैं। इनका फ़र्ज़ है कि बुढ़ापे में मुझे प्यार से इज़्ज़त से रखें। न सिर्फ़ मेरे बच्चे, बल्कि इन बच्चों के भी बच्चे मेरा कहा मानें, मेरे हर विचार को अपनाएँ...और अगर न अपना सकें, तो भी कुछ सोचें ज़रूर बल्कि हर सम्भव कोशिश करें कि अपना ही लें...

आज जब वे मेरी उपेक्षा कर रहे हैं तो मैं दुखी हूँ। क्या यह दुख मेरा ही पैदा किया हुआ नहीं है। क्यों मैं नेकी कर कुएँ में डाल के जीवन सूत्र को अपना नहीं पा रहा, जबकि ये पशु उम्मीद से कितने परे रह कर अपनी सन्तानों को चाह सकते हैं। इन्हें अच्छी तरह मालूम होता है कि सन्तानें बड़ी होते ही मुँह मोड़कर चल देंगी, बीच राह कभी–कभी मिलेंगी भी तो पहचान नहीं सकेंगी, कौन मेरी माँ, कौन मेरा पिता। फिर भी वे किस क़दर जान लुटाते हैं अपने बच्चों पर।

पशुओं तक में जो बूता है–वह इन्सान होकर भी मुझमें नहीं। लानत है।

आत्मधिक्कार के इसी फन्दे से लटक रहा मैं कमरे में लौट आया–बन्द कमरे का दरवाज़ा खोला और खुले बरामदे में आकर खड़ा हो गया। बाहर तेज़ हवाएँ चल रही थीं। सामने ही कैम्पस में लगा बरगद का पेड़ हवा के झोकों के साथ कभी इधर तो कभी उधर झूम रहा था। ऊँचा घना होने के बावजूद बार–बार ज़मीन की ओर झुकता और फिर अधिक तेज़ी से झूमने लगता। बढ़ती उम्र के साथ हमें बरगद जैसे पेड़ों की तरह ही रहना होगा। बरगद जितना बड़ा होता है उतना ही झुकना उसका स्वभाव बन जाता है। हमें भी बरगद जैसे पेड़ों की तरह परिवार की छाया बनकर रहना होगा।

यह बरगद का पेड़ देखो कैसा अलमस्त बना हुआ है हमें भी अपने को समय के साथ ढाल लेना चाहिए।

याद है, मंगला, अभी थोड़े दिन पहले मैंने क्या कहा था तुमसे...

उम्मीद है तो दुख है। उम्मीदों को शून्य पर ले जाओ। दुखों से तत्काल मुक्ति मिल जायेगी।

अनु एक विकल्प सुझा गयी है। अब मैं इसका दूसरा विकल्प ढूँढूँगा—अभी इतना लाचार नहीं हुआ हूँ। इतने आध्यात्मिक केन्द्रों में गया हूँ—गुरुओं की वाणी सुनी है—ज्ञानी पुरुषों के सन्त—महात्माओं के लेक्चर सुने हैं। बाहर संसार में आज इतनी सम्भावनाएँ बिखरी पड़ी हैं। टेक्नोलॉजी इतनी विकसित हो गयी है—क्यों नहीं मैं अपने को इस डिजिटल एरा में इस नयी टेक्नोलॉजी को सीख लूँ—उसे अपनी जीवन शैली बना लूँ। मेरा दिमाग़ फिर फ़ालतू बातों में नहीं उलझेगा। जीवन को एक मक़सद भी मिल जायेगा। सुखी भी रहूँगा और शारीरिक छोटी—मोटी परेशानियों से परेशान नहीं रहूँगा। याददाश्त भी सुधरेगी—स्वास्थ्य भी ठीक रहेगा।

पर क्या यह सरल होगा इस उम्र में? हाँ, क्यों नहीं—पिछली बार एक प्रवचन में स्वामी जी ने बताया था कि सीखने की कोई उम्र नहीं होती है—एक बार स्वामी रामतीर्थ विदेश यात्रा पर निकले थे। जिस जहाज़ से वे यात्रा कर रहे थे, उसी में एक 90 वर्षीय जर्मन से उनकी मुलाक़ात हुई। वह बुजुर्ग चीनी भाषा सीख रहे थे। इस उम्र में उन्हें एक नयी भाषा सीखते देख स्वामी रामतीर्थ को बेहद आश्चर्य हुआ। चीनी, एक कठिन भाषा मानी जाती थी। उसमें पाण्डित्य हासिल करने के लिए कम—से—कम 10—15 साल का अभ्यास ज़रूरी था। स्वामी रामतीर्थ, कई दिनों तक उस बुजुर्ग को ग़ौर से देखते रहे। वह नयी भाषा सीखने में इस क़द्र मशगूल रहते कि घण्टों नज़र उठाकर नहीं देखते थे। एक दिन स्वामी रामतीर्थ ने जिज्ञासावश उनसे पूछ ही लिया—महाशय, आप इस पकी उम्र में एक नयी भाषा सीखने में क्यों अपना क़ीमती समय बर्बाद कर रहे हैं।

पता नहीं आप कब इसे सीखेंगे, और कब इसका उपयोग कर पायेंगे। उनका यह सवाल सुनकर जर्मन बुज़ुर्ग ने जवाब दिया–किस उम्र की बात आप कर रहे हैं। मैं काम में इतना व्यस्त रहा हूँ कि कभी अपनी उम्र का हिसाब ही नहीं रख पाया। चूँकि, अभी सीख ही रहा हूँ, इसलिए अब तक बच्चा हूँ। जहाँ तक मेरी मौत का सवाल है, तो वह तो पैदा होने के बाद से ही मेरे सामने खड़ी थी। अगर उसका ही लिहाज़ रखता रहता तो आज तक मैं कुछ भी नहीं सीख पाता। भारत लौटने पर उन्होंने अपने सभी शिष्यों को अपने इस अनूठे अनुभव के बारे में बताया और कहा कि हर इन्सान को जीवन भर कुछ–न–कुछ सीखते रहना चाहिए। सीखने का उम्र से कोई रिश्ता नहीं है। तो मंगला–यही ठीक रहेगा। दर्द के इस घेरे को तोड़कर ज़िन्दगी में एक नयी शुरुआत करता हूँ। ओशो का भी यही कहना है कि हमारा मन जिस स्थिति में है उसे, उससे विपरीत स्थिति की ओर प्रेरित करो। उदासी और दर्द को हमें घेरने की आदत है। वह हमें छोड़ना नहीं चाहता है पर कोशिश करते रहने पर वह छूटे न भी राहत तो मिल ही सकती है।

याद है तारा के बचपन में उसके साथ यही तो करते थे। किसी एक ज़िद को पकड़कर जब वह बैठ जाती थी तब हम और तुम उसका ध्यान किसी और तरफ़ लगा देते थे और वह रोना छोड़कर किसी दूसरी चीज़ को पाने की कोशिश करने लगती थी। मुझे भी ज़िन्दगी की एक नयी शुरुआत करने के लिए यह कोशिश करनी पड़ेगी–ज़िन्दगी का मक़सद और ज़िन्दगी जीने की वजहें ख़ुद–ब–ख़ुद दिखने लगेंगी।

❐❐